——————————— 님의 소중한 미래를 위해

이 책을 드립니다.

글쓰기로
내면의 상처를
치유하다

글쓰기로
내면의 상처를
치유하다

마음이 아픈 사람을 위한
글쓰기 치유법

이상주 지음

메이트북스

메이트북스 우리는 책이 독자를 위한 것임을 잊지 않는다.
우리는 독자의 꿈을 사랑하고,
그 꿈이 실현될 수 있는 도구를 세상에 내놓는다.

글쓰기로 내면의 상처를 치유하다

초판 1쇄 발행 2018년 8월 6일 | **지은이** 이상주
펴낸곳 (주)원앤원콘텐츠그룹 | **펴낸이** 강현규 · 정영훈
책임편집 안미성 | **편집** 최미임 · 이가진 · 이수민 · 김슬미
디자인 최정아 | **마케팅** 한성호 · 김윤성 | **홍보** 이선미 · 정채훈
등록번호 제301-2006-001호 | **등록일자** 2013년 5월 24일
주소 06132 서울시 강남구 논현로 507 성지하이츠빌 3차 1307호 | **전화** (02)2234-7117
팩스 (02)2234-1086 | **홈페이지** www.matebooks.co.kr | **이메일** khg0109@hanmail.net
값 15,000 | **ISBN** 979-11-6002-152-3 03190

메이트북스는 (주)원앤원콘텐츠그룹의 경제·경영·자기계발·실용 브랜드입니다.

이 도서의 국립중앙도서관 출판시도서목록(CIP)은 e-CIP홈페이지(http://www.nl.go.kr/ecip)에서
이용하실 수 있습니다.(CIP제어번호 : CIP2018020709)

글을 쓸 때는 모든 것을 내려놓아라.
당신의 내면을 표현하기 위해 단순한 단어들로
단순하게 시작하려고 노력하라.

• 나탈리 골드버그(시인) •

지금 당장,
나만의 글쓰기로 행복하길!

'언젠가'라는 말을 갖고 살아온 지도 여러 해가 지나갔다. 아직은 때가 아니라는 생각도 있었고, 용기가 부족해서 도전조차 못했던 시기가 있었다. '나의 스토리가 책이 될 수 있을까?'라는 생각도 지배적이었고 무언가 이룬 상태로 책을 내고 싶은 욕심도 많았다. 하지만 일상처럼 쓰던 글쓰기가 모여 어느새 책 한 권이 만들어졌다.

내가 책을 쓰고자 했던 마음을 천천히 들여다보니 외롭고 어려웠던 유년시절부터 학창시절까지 다 보상받고 싶은 심리가 있었던 것 같다. 무의식 속에 가지고 있던 피해의식도 나를 계속 따라다녔음을 알게 되었다.

글을 쓴다는 건 지나온 내 삶을 들여다보는 것과도 같다. 마치 세월을 이겨내며 하나하나 생겨난 나이테처럼 말이다. 나무의 나이테는 계절에 따라 세포분열의 속도가 다르기 때문에 생겨난다고 한다. 우리 안의 나이테도 그렇지 않을까 싶다. 사계절을 지나고 1년, 2년… 세월이 지나면서 생겨나는 감정들이 하나의 나이테가 되어 분노의 띠를 이루기도 하고, 행복의 띠를 이루기도 하며 지금도 생성되고 있을 것이다. 나무처럼 뚝 잘라 볼 수는 없지만, 분명 수많은 감정들이 내 안에 담겨 있다.

글을 쓰면서 내 안에 있는 모든 것을 꺼내보았다. 쓰면 쓸수록 부족한 나도 만나보고 가슴 아픈 상처들도 직면했지만 꺼내면 꺼낼수록 상처는 옅어지고 나는 더 단단해져가는 것을 느낄 수 있었다. 마음의 상처가 치유되었고 놀랍도록 회복되었다. 꺼내는 것만으로도 요동치던 심장이 잔잔해져 갔다.

글을 통해 많은 변화가 일어났다. 자신감이 생겼고 더 적극적인 사고를 하게 되었다. 내 책과 내가 하나여야 하기에 더 솔직해지기 시작했다. 매일 글을 쓰는 습관으로 인해 생각의 폭이 넓어지고, 책을 보는 습관으로 인해 많은 경험을 맛보고 있다.

좋은 에너지를 받다 보니 좋은 기운들이 나를 감싸는 듯하다. 내가 생각하지 못한 것, 내가 기대하지 못한 것, 내가 전혀 꿈꿔보지 못한 기회들이 생겨났고, 그로 인해 앞으로의 삶을 기대하게 만들었다. 나의 일상이었던 글쓰기가 책을 통해 나의 일상을 어떻게 바꾸어놓았는지 전하고 싶다.

평범한 나의 스토리가 나만의 스토리가 되어 누군가에게 꿈을 주고 희망을 줄 수 있기를 기대해본다. 꿈은 꾸는 것이 아니다. 이루는 것이다. 내가 결심하는 순간 내 심장은 뛰고 내 뇌는 온몸에 신호를 보낼 것이다. 내가 움직이도록 말이다.

미루지 말고, 지금 당장, 나만의 글쓰기로 행복했으면 좋겠다.

이상주

글쓰기는 특별한 게 아니라 일상이다.
그저 나의 일상을 쓰고 감정과 생각, 상처 등
내 안에 있는 것을 꺼내고 쓰는 행위가 글쓰기다.

차례

1장　나는 상처를 편집하기로 결심했다

6장 글쓰기로 당신의 삶을 디자인하라

『글쓰기로 내면의 상처를 치유하다』 저자 심층 인터뷰

Q. 『글쓰기로 내면의 상처를 치유하다』를 소개해주시고, 이 책을 통해 독자들에게 전하고 싶은 메시지는 무엇인지 말씀해주세요.

A. 견디기 힘든 상처를 안고 살아가는 많은 사람에게 어떻게 하면 그 상처를 치유하고 회복하면서 벗어나게 될 수 있는지 방법을 제시하고 공유하고자 이 책을 집필하게 되었습니다. 어릴 적부터 받은 상처는 성장하면서 우리에게 직·간접적으로 영향을 주게 됩니다. 무의식으로 자리 잡은 상처를 글을 통해 꺼내고 치유하고 회복할 수 있음을 알려드리고 싶습니다.

Q. 위로가 필요할 때 글쓰기만으로 마음의 상처가 치유된다고 하셨습니다. 마음의 상처를 치유하는 구체적인 방법이 따로 있는 건지 설명 부탁드립니다.

A. 위로가 필요할 때는 누군가에게 내 속을 드러내야 합니다. 하지만 일일이 속을 다 보이고 싶지 않을 때가 있습니다. 이럴 때 글을 통해 마음을 꺼내다 보면 어느새 상처는 옅어지고, 나로 인해 또 글로 인해 위로를 받고 있음을 알게 됩니다. 글을 쓰다 보면 내가 몰랐던 내 모습을 엿볼 수 있습니다. 너무 힘들고 고통스러울 때 비로소 나의 진짜 모습을 만나고 내가 무엇을 원하는지 알게 됩니다. 글로 나를 만나고 위로를 받는 방법은 일기가 그 시작입니다. 누구에게도 꺼내지 못했던 마음속 외침을 일기장에 쓰다 보면 내가 글을 쓸 때 가장 편안함을 느낄 수 있습니다.

Q. 글쓰기에는 소설, 시, 수필 등 여러 장르의 문학이 있습니다. 어떤 주제로 글쓰기를 시작해야 하는 건지 설명 부탁드립니다.

A. 글은 자유롭게 쓸 수 있어야 합니다. 써야 한다는 생각이 아니라 쓰고 싶다는 생각이 들어야 잘 쓸 수 있습니다. 가장 편안한 방법은 일상 이야기를 쓰는 것입니다. 어떤 주제에 얽매이지 않고 생각나는 키워드를 시작으로 자유롭게 꺼내는 게 중요합니다. 눈을 감고 나의 관심사에 대해 생각하다 보면 떠오르는 단어들이 있습니다. 그 단어를 시작으로 내 생각을 꺼내다 보면 나만 쓸 수 있는 글들이 나오기 시작합니다.

Q. 감정 표현에 서툴다면 감정을 글로 쓰라고 하셨습니다. 그런데 내면에 숨겼던 생각과 감정들을 글쓰기로 표현하기란 쉽지 않은 일입니다. 생각과 감정을 글로 어떻게 표현해야 하는 건지 작성법에 대해 설명 부탁드립니다.

A. 감정을 말로 표현하는 사람보다 표현하지 못하고 꾹꾹 누르는 사람들에게 속병이 더 많이 발생합니다. 왜냐하면 꺼내지 못하고 앓기 때문입니다. 처음에는 글로 꺼내는 게 어려울 수 있습니다. 하지만 자꾸 꺼내는 연습을 하고 자신이 하고 싶었던 말들을 쓰다 보면 어느 순간 답답했던 가슴이 뻥 뚫리는 것을 느끼게 될 것입니다. 말은 생각할 시간이 짧지만, 글은 오래도록 생각하고 고칠 수 있다는 장점이 있습니다. 일기나 편지 또는 작은 메모의 습관이 도움이 됩니다.

Q. 마음의 상처를 치유하기 위한 다양한 방법이 있습니다. 그중에서도 글쓰기 처방전은 어떤 특징을 가지고 있는 건가요?

A. 나만의 글쓰기 스타일을 가질 수 있습니다. 글이 잘 써지는 나만의 시간과 공간을 찾아 하루에 한 줄만이라도 쓸 수 있는 습관을 만드는 게 중요합니다. 습관은 우리의 무의식을 의식화시키며 나에게 말하듯이 글을 쓰다 보면 내가 가지고 있던 경험과 상처 등이 글 속에 녹여져 나옵니다. 글을 통해 오해를 풀 수 있고 글을 통해 내가 정말 하고 싶었던 일과 앞으로 해야 할 일들을 알게 됩니다. 또한 글을 통해 나의 메시지를 강력하게 전달할 수 있

으며, 나는 무엇이든 할 수 있고 결국 해낼 수 있다는 자신감도 얻게 됩니다. 글은 주저앉아있는 나를 움직이게 하고 나답게 살아갈 힘을 주는 유일한 방법입니다.

Q. 마음의 상처도 사람마다 크기가 다를 텐데요. 상처의 크기와 상관없이 글쓰기만으로 상처 치유가 가능한 건가요?

A. 네, 가능합니다. 사람들은 받은 상처를 치유하기는커녕 속에 숨겨두고 묻어두려고 합니다. 그리고 꺼내기를 두려워합니다. 하지만 꺼내야 합니다. 꺼내지 않으면 죽을 때까지 내 안에서 나를 괴롭힙니다. 글을 통해 그 상처들을 하나씩 꺼내다 보면 자연적으로 상처는 치유되고 나를 가두던 과거에서 벗어날 수 있습니다. 쓰다 보면 글 속에 내가 보이고 눈물이 흐르면서 내 감정들이 깨끗이 씻겨 나올 겁니다.

Q. 매일 쓰는 습관을 만들라고 하셨습니다. 글쓰기를 습관화시켜서 어렵지 않게 일상적으로 쉽게 할 수 있는 좋은 묘안이 있을까요? 어떻게 하면 글쓰기 습관을 쉽게 만들 수 있는지 설명 부탁드립니다.

A. 글을 습관화하기 위해서는 나만의 편안한 장소와 시간을 만들어야 합니다. 그리고 그 시간을 즐길 줄 알아야 합니다. 나 혼자만의 행복할 수 있는 시간이 되면 감사의 글들이 나오게 됩니다. 감사는 나를 긍정 에너지로 채우고 또 다른 감사거리로 채우게 만

듭니다. 하루에 한 줄 감사거리를 쓰는 것만으로도 글쓰기 습관은 만들어질 수 있습니다. 또는 책 속의 명언을 한 줄 뽑아서 글로 쓰고 그 글에 대한 내 생각을 짧게라도 적다 보면 글에 생각이 붙고 더 좋은 영감이 떠오릅니다.

Q. 나만의 '마음 노트'를 만들라고 하셨는데 마음 노트가 무엇인지 설명 부탁드립니다.

A. 마음 노트는 말 그대로 내 마음을 적어놓은 노트입니다. 마치 냉장고 속을 종류에 따라 분류해 정리하듯, 그곳에는 책을 읽고 내 마음을 움직였던 명언이나 좋은 글귀들이 적혀 있습니다. 그리고 나에게 에너지를 줬던 강연 내용이나 문득 떠올랐던 시상, 영감들을 적어놓고 분류해놓은 노트입니다. 한눈에 볼 수 있게 정리된 나만의 노트인 셈입니다. 나만의 마음 노트를 통해 내가 나에게 힘을 주고 에너지를 얻을 수 있는 좋은 방법입니다.

Q. 글쓰기로 인해 마음의 상처도 치유하면서 건강도 함께 찾을 수 있다고 하셨습니다. 펜으로 글을 쓰는 것과 건강은 어떤 관련이 있는 건가요?

A. 사람은 몸과 마음으로 구성되어 있습니다. 마음이 다쳐서 아프면 몸도 아파집니다. 또한 몸이 아프면 마음도 함께 아파집니다. 나를 힘들게 했던 마음의 상처가 몸으로 나타나고, 결국 나를 주저앉게 만듭니다. 하지만 글을 통해 꺼내고 치유하다 보면 내가

움직이기 시작합니다. 다시 살아갈 힘을 얻고 다시 일어설 용기가 생깁니다. 내가 회복됨으로써 움직일 힘을 얻고, 정신도 마음도 몸도 건강해지기 시작합니다. 결국 글쓰기를 통해 내 삶을 건강하게 만들어줍니다.

Q. 글쓰기 시작을 어려워하는 사람들에게 글쓰기 시작 전 지녀야 할 자세는 무엇인지 한 말씀 부탁드립니다.

A. 글쓰기는 일상입니다. 특별한 게 아닙니다. 그저 나의 일상을 쓰고 감정과 생각, 상처 등 내 안에 있는 것을 꺼내고 쓰는 행위가 글쓰기입니다. 지친 나를 안아주는 방법이며 넘어져 있는 나를 일으켜 세우는 방법입니다. 어디로 가야 할지 방향을 잡지 못할 때 나침반이 되어주는 방법이기도 합니다. 가만히 나를 꺼낼 준비만 하면 됩니다. 그 어떤 것도 필요치 않습니다. 내가 행복해지는 순간을 준비만 하시면 됩니다.

어린 시절 상처와 그 상처를 둘러싼 환경이 우리 삶을 어떻게 지배하는지, 어떤 습관이 되어 우리를 괴롭히는지 알아야한다. 분명 꺼내고 싶지 않은 이야기들이 있을 것이다. 누구에게도 말하고 싶지 않고 돌아가고 싶지 않은 추억들이 있을것이다. 하지만 모두 꺼내어 편집할 수 있다. 글을 쓰면서 마음의 상처를 치유할 수 있고, 쓸 때 그 상처들은 정말 희미해져 간다. 그리고 신기하리만큼 모든 건 쓰는 순간 변해간다. 내 안에 담아두지 말고 꺼내는 게 무엇보다 중요하며 근본적인 마음의 고통이 무엇인지 꺼내서 확인하는 게 먼저다.

1장

나는 상처를
편집하기로 결심했다

주먹으로 닦는 눈물,
손가락으로 쓰는 위로

견뎌내야 하는 그리움은 외로움 중에 가장 견기기 힘든 감정이다.
매번 주먹으로 닦을 만한 상처가 많지만 쓰면서 치유할 수 있다.

우리는 누구나 마음의 상처 하나쯤은 가지고 살아간다. 그 상처가 분노가 되고 그 분노를 누군가 건드렸을 때 걷잡을 수 없는 화를 불러일으키는 경우를 종종 목격하곤 한다. 그 시한폭탄 같은 마음을 글로 꺼낸다는 것, 그게 가능한 일일까?

　현대인들의 메마른 가슴에 온기를 불어넣고자 잊혀져가는 손편지로 마음을 전하는 단체가 있다. 모든 이의 고민을 손글씨로 어루만져주는 곳, 바로 '온기제작소'다. 고민을 나누고 위로받고 싶어 하는 사람들의 진심 어린 이야기를 들어주는 소통창구다. 운영자 2명과 고민

편지에 답장을 써줄 자원봉사자 10명이 합류해 우편함을 직접 디자인해서 만들고 본격적으로 온기제작소를 가동했는데, 첫날부터 반응이 뜨거웠다고 한다.

온기제작소 관계자는 이렇게 말했다. "저희는 함께 고민하고 있다는 진심 어린 위로를 전달하고 싶어요. 답장을 통해 작은 힘을 주고 싶은 거죠. 저희의 역할은 여기까지라고 생각해요."

그동안 온기제작소에서 보낸 답장만 해도 3,782통이다. 봉사자들은 모두 외로워하고 마음을 꺼내고 싶어 하는 사람들에게 답장을 써주면서 오히려 본인이 위로를 받았다고 한다. 그리고 글을 쓰면서 '나도 스스로 나를 다독이고 싶은 마음이 있구나' 하는 생각이 들었다고 한다.

손끝으로 전하는 마음이야말로 진정으로 마음을 위로하고 마음을 움직이는 글이 아닌가 싶다. 온기제작소가 익명의 사람들에게 마음을 위로하는 글을 썼다면, 나는 언제 올지 모르는 부모님을 기다리며 부치지 못하는 글을 썼다.

견뎌내야 하는 그리움

모두가 잠든 새벽, 문득 느껴진 인기척에 나의 몸은 얼어버렸다. 그리고 내 귀에 맴도는 엄마의 나지막한 목소리….

"금방 올게… 미안하다."

문득 전날 엄마가 나에게 했던 말들이 생각났다.

"엄마 아빠가 어딜 좀 갔다 올 거야, 시간이 좀 걸리는데, 돈 많이 벌어서 빨리 올 테니까 상주가 동생들 잘 돌봐주고 오빠랑 할머니 말 잘 듣고 있어줘. 엄마 아빠 빨리 올게…."

꿈이었으면 했다. 그저 잠시 꿈을 꾼 것이라 믿고 싶었다. 그래서 더 움직일 수가 없었다. 몸이 얼어붙은 것 같이 움직이질 않았다. 눈조차 뜰 수가 없었다. 그러나 분명 엄마의 목소리가 나를 향해 들리고 있었다. 꿈이 아니었다.

엄마가 날 보고 있는 모습이 느껴져서 난 더욱 눈을 뜰 수가 없었다. 내가 눈을 뜨면 떠나지도 못하고 엄마가 내 앞에서 펑펑 울어버릴 것만 같았다. 엄마의 숨죽인 한숨소리가 들려왔다. 그리고 그렇게 엄마와 아빠는 조용히 우리 곁을 떠났다. 그제야 숨죽여 참았던 눈물이 하염없이 흘러나왔다.

어디로 가는지, 언제 오는지도 모른 채 우리는 엄마 아빠 없는 그 빈자리를 외로움과 그리움으로 채워가며 하루하루를 보내야 했다.

얼마나 지났을까, 엄마 아빠 없는 외로운 졸업식을 마치고 우리 형제들은 뿔뿔이 흩어지게 되었다. 오빠는 인천에 사는 친척집으로, 할머니와 나는 시내에 있는 고모집으로, 그리고 어린 두 여동생은 이모집으로 가게 되었다. 그 누구도 반문하지 않았다. 그리고 나의 힘으로는 그 어떤 것도 할 수 없었다. 왜 우리가 헤어지고 함께 있으면 안 되는 것인지, 그저 어른들의 결정에 따르는 수밖에 별 도리가 없었다. 함께 할 수 없었던 현실은 우리 형제들을 뿔뿔이 흩어져 살게 했다.

그렇게 생각지도 않은 삶이 시작되었다. 하루 중 가장 편안한 시간이 있었다면 오로지 늦은 밤 내 방으로 들어가 이불자리를 펴는 그 순간부터가 온전히 내 시간이었으며 가장 편안한 순간이었다. 그리고 나만의 글쓰기가 시작되었다.

그리움은 원망이 되다

하루의 외로움과 고달픔을 꺼내면서 풀 수 있는 시간, 아마도 그때부터였던 것 같다. 그 어디에도 말하지 못했던 내 안에 있는 마음을 글로 꺼내기 시작했던 것이 말이다. 초등학교 시절 그저 의례적으로 숙제로만 쓰고 있던 일기가 이제는 나의 친구가 되어 나의 마음을 받아주고 있다.

나의 일기장은 주로 엄마에 대한 그리움 그 자체였다. 왜 우리 곁을 떠났는지가 아니었다. 어디에 있는지, 언제 오는지, 얼마나 더 기다려야 하는지, 오직 엄마가 우리 앞에 나타나는 그 시기가 궁금했다. 언제쯤 만날 수 있는 건지 연락도 안 되고 소식도 들리지 않으니 영영 못 볼 것만 같아 답답하면서도 그립고 보고 싶어 미칠 것만 같았다.

때로는 그 그리움이 원망이 되고 그 원망이 분노를 일으키고는 했다. 나의 모든 걸 쏟아놓을 수 있었던 일기장 위로 그리움과 서러움이 하나둘씩 떨어졌다. 그렇게 눈물을 훔치며 쓰다 보면 그대로 잠이 들어 일기장이 한쪽 볼에 턱 하니 붙어 떨어지지 않을 때도 있었다.

사람의 생김새가 저마다 다르듯이 살아가는 삶 또한 분명 다르다. 그러나 그 삶을 어떻게 받아들이고 어떻게 살아가느냐에 따라 각자 다른 길을 갈 수가 있다. 토크쇼의 여왕 오프라 윈프리Oprah Winfrey는 이렇게 말했다. "감사일기를 쓰면서부터 내 인생은 완전히 달라졌다. 나는 비로소 인생에서 소중한 것이 무엇인지 삶의 초점을 어디에 맞춰야 하는지 알게 되었다"라고 말이다.

힘들 때 감사일기는 세상을 다르게 바라보게 하는 힘이 있다. 모든 것을 버티게 하고 이겨내게 하는 힘이 있다. 그러나 난 감사가 아니었다. 그저 마음을 풀어놓을 빈 그릇이 필요했다. 아무에게도 보이고 싶지 않은 마음과 들키고 싶지 않은 마음을 풀어놓을 빈 공간이 필요했던 것이다.

이처럼 무언가를 쓴다는 것은 어떤 공포 속에서 스스로를 견디게 하고 아픈 상처에서 잠시 벗어나게 한다. 그래서 난 일기라는 공간에 나를 마구 꺼내기 시작했다. 아마 그때 당시 혼자서 글을 쓰던 습관이 없었더라면, 과연 난 어떤 방법으로 그 우울함과 분노와 화를 풀었을까 싶다. 아마도 무시무시한 내면이 자라 엄청난 분노로 표출되었을지도 모르겠다.

나에게는 매번 주먹으로 눈물을 훔칠 만큼 아픈 상처들이 많았지만, 결국 펜을 잡고 글을 쓰면서 그것들을 치유해왔다. 날마다 그 눈물을 받아내며 나를 위로하던 일기장, 지금까지도 나를 받아주고 있는 일기장, 오늘도 난 그 일기장에서 나와 마주한다.

아프니까, 아픈 만큼
솔직하게 써내려가기

살면서 힘들고 아플 때 외면하던 감정들이 있다.
아픈 상처가 많을수록 더 솔직하게 글쓰기로 꺼내라.

출근하기 전 내가 즐겨듣는 라디오에서 오프닝으로 아주 멋진 말이 흘러나왔다. "바다에 사는 수많은 물고기 가운데 유독 상어만 부레air bladder가 없다. 부레 대신에 무거운 간이 자리하고 있다. 부레가 없으면 물고기는 가라앉기 때문에 잠시라도 멈추면 죽게 된다. 그래서 상어는 태어나면서부터 쉬지 않고 지느러미를 움직인다. 잠을 자면서도 꼬리를 흔들어야 하는 상어는, 그 결과 바다 동물 중 가장 힘이 센 강자가 된다. 완벽하지 않은 조건이 멈출 수 없는 이유가 되었고, 그 멈출 수 없음이 상어를 바다의 강자로 만들었다."

부레는 어류에 있는 공기주머니다. 가장 필요한 부레가 없는 상어는 잠시라도 움직이지 않으면 심연 깊은 곳으로 가라앉을 수 있다고 한다. 상어는 죽을 때까지 계속 헤엄을 쳐야 하고 계속 움직여야 가라앉지 않는다. 상어 자체로는 부족함이 없어 보이고 위엄도 느껴진다. 그러나 신께서는 부레를 주지 않았다. 왜일까?

나에게 절실하게 필요한 것이 나에게 없을 수 있다. 남이 가진 것을 부러워하면 할수록 채워지지 않는 욕망도 있다. 어쩌면 부레가 없어 멈출 수 없었던 상어처럼 나도 항상 무언가에 목말라 하루하루가 힘겹고 외로웠지만, 그 상처와 아픔들로 인해 나는 분명 이전의 나보다 훨씬 강해졌다. 외로움을 이겨낼 용기도 생겼고, 상처 따위에 주눅 들지 않고 당당히 살아갈 자존감도 생겼다. 아픈 만큼 성숙해진 모양이다. 내가 이렇게 강해지기까지 나에게 버틸 수 있는 힘이 되고 친구가 되어 주었던 것은 바로 글쓰기였다. 나를 계속 쓰게 했던 상처들이 그 어떤 상황도 직시하게 하고 돌아보게 하고 이겨내게 만드는 방법이 되어 있다.

마음을 전하는 또 다른 방법

우리의 몸은 신기한 생명체다. 몸이 아프면 마음도 아프고, 마음이 아프면 몸도 아파온다.

겉으로 드러난 상처는 치료하면 된다. 그 방법 또한 여러 가지다. 하지만 마음속 상처는 꺼내지 않는 한 절대 치료되거나 사라지지 않는다. 그래서 아플수록 꺼내서 치료해야 한다. 마음속 상처를 솔직하게 꺼내는 방법은 글이다. 내 안에 어떤 상처가 있는지 나와 대면해야 한다.

'위기는 곧 기회다'라는 말이 있다. 하지만 현실적으로 어려운 일이나 감당하기 힘든 일을 막상 당하고 보면 기회라는 생각이 전혀 들지 않고 무너지거나 좌절하게 된다. 하지만 그 위기를 잘 견디고 이겨냈을 때 기회는 선물처럼 자연스럽게 온다.

심리적으로 마음이 아픈 사람들의 글쓰기가 있는가 하면, 몸이 아픈 사람들의 글쓰기도 있다. 7년째 루게릭병으로 투병중인 소설가 정태규 작가가 말은 물론 온몸을 쓸 수 없어서 안구 마우스(눈동자의 움직임을 따라 컴퓨터 커서가 움직이도록 설계되어 있는 장애인용 특수 장비)로 인터뷰를 하는 모습을 보았다. 안구 마우스로 글을 쓰다니 참으로 생소했던 기억이 난다. 그는 '안구 마우스' 장치를 이용해 한 자 한 자 눈으로 써내려간 감동적인 생의 기록 『당신은 모를 것이다』를 출간했는데, 그의 작은 바람은 "다른 환자들에게 조그만 위로와 희망을 주는 것"이라고 말했다. 평소와 다름없던 2011년의 어느 가을 아침, 출근 준비를 하던 중 그는 처음으로 이상 증세를 느꼈다고 한다. 손가락에 힘이 없어 와이셔츠 단추를 채우지 못한 것이다. 그 후로 점점 팔다리에 힘이 없어져 가벼운 물건조차 들지 못하고, 길을 걷다가도 맥

없이 푹 쓰러지는 일들을 겪었다. 까닭을 알 수 없는 증상들의 원인을 찾아 여러 병원을 전전하다가 결국 1년여 만에 루게릭병임을 알았다고 한다.

루게릭병은 고등학교 국어교사로, 소설가로, 한 아내의 남편이자 가장으로 누구보다 성실한 삶을 살아온 그의 일상을 앗아가고 순식간에 산산조각냈다. 혼자서 먹을 수도 배설할 수도, 좋아하는 소설을 쓰기 위한 그 가벼운 펜을 들 수도 없었다. 온몸의 근육이 소실되어 한겨울 얼음장 물에 뛰어든 것 같은 극심한 통증을 느끼는데도 정신은 말짱한 생지옥이었다. 정태규 작가는 최소한의 인간적인 삶을 누릴 권리를 박탈당한 채 투병일기를 쓴 것이다.

안구의 움직임과 눈 깜빡임으로 컴퓨터 자판의 철자를 선택해 글을 쓰는 안구 마우스를 이용해서다. 창작의 고통보다 더 끔찍한 고통에 시달리며 육체의 감옥에 갇힌 그에게 글쓰기는 유일한 탈출구인 걸까? 인터뷰를 하면서 그는 "소설 쓰기는 제법 진지한 혼자 놀기며 궁극적으로는 나의 존재를 증명하는 일이자 살아 있는 느낌이며 아픔과 슬픔, 기쁨 등을 교감하는 일"이라고 말한다. 그리고 "나는 소원대로 전업 작가가 되었다. 하루 종일 집에 박혀 있는 내게 이제 남는 것은 시간뿐이다. 그러니 글쓰기에 매진할 수밖에"라고 말하며 미소 짓는 그다.

루게릭 환자는 평균 3~5년 정도 산다고 한다. 하지만 7년째 투병중인 그에게 "영국의 물리학자 스티븐 호킹은 50년 넘게 생존하고 있다. 아직도 죽음의 공포를 느끼는가?"라고 질문하자 "담담해요. 누구나 죽는데"라고 말한다.

솔직한 마음을 마지막에 꺼내놓다

그렇다. 우리는 언제 어떻게 죽을지 알 수 없지만 누구나 죽음을 맞이한다. 어쩌면 평범하고도 행복한 일상을 두고 보이지 않는 행복을 찾으려다가 생을 마감하게 되는 건 아닌지 돌아보게 된다. 손으로 쓸수 없는 글을 눈으로 쓰면서 그는 그렇게 자신이 가진 것을 남들에게 나눠주고자 하고 있다.

『당신은 모를 것이다』의 표지에는 '그토록 보잘것없는 순간들을 사무치게 그리워하는 사람이 있다는 것을'이라고 적혀 있다. 눈으로 글을 쓰면서 평범하고도 건강했던 일상이 얼마나 그리울까, 그래도 미소를 잃지 않는 그가 대단해 보였다.

마지막을 맞이하는 사람들에게 글을 쓴다는 것은 자신을 남기는 행위가 된다. 용서를 구하기도 하고, 전하지 못한 말을 남기기도 하고, 그리움을 달래기도 하는 마지막 행위다. 그렇기에 더 솔직해지고 아픔을 참으면서까지 계속해서 글을 쓰는지도 모르겠다.

살면서 힘들고 아플 때 외면했던 감정들이 있다. 해결하기보다는 감추고 숨기려고만 했던 무수한 감정들 말이다. 솔직해진다는 것은 다시 말해 생각과 행동을 일치시키는 것이다. 힘들 땐 힘들다고 말하고 다른 사람들로부터 도움이 필요할 땐 솔직히 인정하고 도움을 요청하고, 그래야 나 자신도 덜 힘들고 다른 사람과도 좋은 관계를 맺어갈 수 있는 것이다. 어차피 세상은 혼자 살 수 있는 것이 아니다. 좀더 솔직해지고 좀더 사랑하기 바란다.

말로 표현하기 힘들다면 일기나 짧은 편지, 메모도 괜찮다. 자꾸 표현하고 자신을 솔직하게 드러내고 꺼낼 때, 관계는 회복되고 상대방의 마음을 알아가게 된다. 또한 솔직하게 자신을 드러내다 보면 상처도 자연스레 치유가 된다.

살면서 솔직하지 못했던 내 감정들을 이제 글쓰기를 통해 솔직하게 표현하고 전해보자. 몸과 마음이 더 아프기 전에, 글을 쓸 힘조차 없어 전하지 못하는 일이 생기기 전에 말이다.

미치도록 나를 바꾸고 싶을 때
글을 쓰면 된다

어느 순간 나의 삶을 찾고 싶을 때가 온다.
바꾸고 싶은 내 모습을 구체적으로 쓰기 시작할 때 변화는 시작된다.

'인간人間은 자신이 생각하는 모습대로 되는 것이다. 지금 자신의 모습은 자신의 생각에서 비롯된 것이다. 내일 다른 위치에 있고자 한다면 자신의 생각을 바꾸면 된다.'

얼 나이팅게일Earl Nightingale의 『가장 낯선 비밀The Strangest Secret』 중에 나오는 대목이다.

내가 생각하고 결정했던 순간들이 모여 지금의 나를 만들고 있다. 그러나 과연 나 자신의 모습을 보며 만족한 적이 있는가? 우린 항상 부족함을 느끼고 살아간다. 남과 비교하게 되고 변화하기 위한 노력

보다는 현실에 안주하며 앞날을 걱정하기만 하는 나 자신을 볼 때
가 많다. 결혼을 하기 전 나는 지인의 소개로 작은 광고회사에 다니
고 있었다.

스태프들은 기획회의와 콘티가 나오면 연기자를 섭외하고 장소를
물색하느라 정신이 없는데, 나의 일은 그저 전화 받고 사무실정리 및
스태프들이 필요로 하는 심부름 정도였다.

처음엔 그저 '서로의 일이 다르니까'라는 생각으로 내 위치를 인정
하고 이해하려 했다. 그러나 시간이 흐르면 흐를수록 '내가 여기서 뭘
하고 있는 거지? 내가 이것밖에 안돼?'라는 생각이 들기 시작했다. 내
가 봐도 참 한심하게 느껴졌다. 사회에서 좀더 많은 사람을 만나고 알
고 배우며 생산적인 일을 하고 싶은데 내가 서 있는 위치는 아무나 할
수 있는 아주 비생산적인 일이었다.

나의 삶을 찾아라

지금은 고인이 된 애플 사社의 창업자 스티브 잡스Steve Jobs는 이렇
게 말했다.

"당신에게 주어진 시간은 한정되어 있다. 그러니 다른 사람의 삶을
사느라 인생을 낭비하지 말라."

분명 내가 원했던 삶이었다. 그러나 내 삶이 아니라는 생각이 드

는 순간 퇴사해야겠다는 생각이 확고해지기 시작했다. 다니던 광고 회사를 그만두고 바로 입사한 곳은 국회 내에 있는 의장전용 승강기 안내원이었다.

　지금 생각해보면 그 중에서도 국회 다닐 때가 가장 모양새도 나고 재미도 있었던 것 같다. 의장전용 승강기 안에서 의장과 여러 의원들을 층별로 안내하는 일을 했다. 의장전용 승강기였지만 은근히 이용하려는 기자들까지도 있었다. 간혹 큰 행사가 있으면 세계 정상들도 봤다. 제일 기억에 남는 사람은 머리에 지도모양이 인상적인 소련 초대 대통령 미하일 고르바초프Mikhail Gorbachev였다. 그날은 다른 때와 달리 더욱 분주했던 하루였다. 일찍부터 모두가 초비상 상태에서 움직이고 있었다.

　처음 맞이하는 국빈이라 얼마나 떨렸는지 모른다. 그러나 안내하는 내게 살짝 웃으며 여유를 보이던 고르바초프의 모습이 아주 인상적이었다. 이럴 때는 승강기 안내원 하길 잘했다는 생각이 들지만 안내한다는 이유만으로 무시하고 장난치는 기자들이나 주변 사람들로 인해 자존감이 바닥을 치기도 한다.

　'내가 여기서 뭐하는 거지? 내가 왜 저런 사람들 때문에 피해를 보고 장난질을 참아야 하는 거지? 왜 좀더 나다운 일을 못하는 거지?' 하는 생각에 젖다보면 과연 나다운 것이 무엇인지, 내가 하고 싶은 게 무엇인지 다시 한 번 생각해보게 되었다.

　'난 뭘 해야 할까? 무슨 일을 해야 즐겁고 여유로울 수 있으면서 나답게 되는 걸까? 앞으로 결혼해서도 할 수 있는 무언가를 찾아야 한다.' 그렇게 미래에 대해 진지하게 생각하게 되었고 내가 가장 하고 싶은 버킷리스트를 하나씩 적어나가기 시작했다. 떠올리기만 하던 내 생각을 글로 쓰면서 더 구체적인 계획을 짜기 시작했다.

나의 미래는 내가 바꿀 수 있다

당시 나는 25살이었다. 친구들은 결혼 또는 반듯한 직장이다 하면서 저만치 자리잡아가고 있을 때 난 새로운 고민에 빠지게 되었다. '그래, 이건 아니다. 새로운 일을 찾아야 한다'라는 결론에 이르자 뒤돌아볼 것 없이 사표를 던졌다.

'그래 나를 바꿔보자.' 결심이 현실에 안주해 있던 나를 조금씩 일으켜 세우기 시작했다.

"생각을 바꾸고 나니 새로운 세계가 보이기 시작했다. 작은 일도 시작해야 일이 생긴다"라는 페이스북 CEO 마크 주커버그Mark Elliot Zuckerberg의 말처럼 미래를 계획하고 움직이니 내 모든 환경이 바뀌기 시작했다. 그렇게 고심 끝에 배우기 시작한 것이 편집디자인이었다. 과감하게 사표를 내고 친구 따라 강남에 있는 디자인학원에 등록했다. 엄마에게 손 벌리지 않고 꿈을 스스로 개척하기 위해 아침에는 학원, 오후에는 커피숍 아르바이트를 했다.

또 다른 세상을 만나는 과정이었다. 죽어라 달리기 시작했다. 이해가 안 되면 이해가 될 때까지, 그리고 최대한 일찍 가서 늦게까지 남아 한 번 더 강의를 들으며 뭐하나 놓치지 않으려고 부단히 노력했다. 남들보다 늦게 다시 뭔가를 시작해야 된다는 부담감을 안은 채 그 누구보다도 열심히 노력했다. 미치도록 나를 바꾸기 위해, 반드시 성공하기 위해 남들보다 두 배로 뛰었다.

주위에서는 늦은 나이에 공부한다는 나를 걱정스러운 시선으로 바라보았지만 내게는 확신이 있었다. 왠지 모를 자신감과 기대감으로 매일 에너지 넘치는 하루를 보낼 수 있었다. 그래도 사람인지라 흔들릴 때도 있고 포기하고 싶은 순간도 있었지만, 끝까지 이겨나갈 수 있었던 건 내 꿈을 이야기했을 때 믿어주고 응원해주는 부모님이 있었기 때문이다.

그리고 미래에 대한 내 마음의 확신이 있었기에 가능했던 일이다. 그렇게 보란 듯이 들어가게 되었던 기획사, 그때 나이가 27살이었다. 그것이 내 미래를 위한 나의 선택과 이룸, 20대 첫 번째 꿈을 이룬 순간이었다. 가끔 그때 늦었다고 포기했더라면 과연 지금의 나는 또 어떤 모습이었을까 생각해보게 된다.

자신은 변하지 않으면서 다른 사람에게는 변하라고 다그치는 경우가 종종 있다. 자신은 배우지 않으면서 상대방에게 배움을 강요하는 것도 마찬가지다. 언젠가 나를 바꾸고 싶을 때가 분명 올 것이다. 그러나 새로운 도전에 대한 두려움이나 주변의 눈치로 '할 수 있을까?'

하는 의구심으로 모든 걸 생각만 하고 있으면 그 어떤 것도 이루어 낼 수 없다. 지금 당장 자신의 버킷리스트를 적어보라. 원하는 게 무엇인지, 가장 즐거울 때가 언제인지, 앞으로 꼭 하고 싶은 일은 무엇인지 적어보기 바란다.

글을 쓰는 행위만으로도 미래를 움직일 수 있다. 이 순간부터 부정적인 삶의 요소들은 전부 지워 버려라. 글쓰기는 두뇌를 움직이고 그 두뇌는 우리에게 행동을 지시할 것이다. 이왕이면 구체적으로 써내려가라. 당신이 계획을 생각하고 써내려가는 순간, 미래는 현실이 될 것이다.

안녕, 마음아!
그동안 아프고 힘들었구나

마음에도 내시경이 필요하다. 더 아플 때까지 그냥 놔두지 말아라.
내 마음속 상처를 안아주고 글쓰기로 위로하라.

"그대의 가슴 속으로 들어가보라. 가서 문을 두드리고 마음이 무엇을
알고 있는지 물어보라."

　영국의 극작가 셰익스피어 Shakespeare의 말이다. 우리는 마음을 통해
세상을 느끼고 받아들이고 경험할 수 있다. 우리가 세상과 소통하는
통로는 마음이다. 마음이 건강하지 않으면 세상과 제대로 소통하지
못하고 세상을 온전히 받아들이지도 못한 채 살아가게 된다. 우리는
자신의 본심을 자꾸 포장하고 숨기려 하는 경향이 있다.

　남이 날 어떻게 생각하는지, 남의 눈에 내가 어떻게 비칠지 항상 고

민하고 생각하는 것 같다. 특히 요즘 들어 SNS를 통해 사진을 올리거나 글을 쓰는 것을 보면 더욱 그런 심리를 알 수 있다. SNS 속의 사람들은 모두 어딘지 모르게 포장된 느낌이다. 사진으로만 보면 다들 항상 즐겁고, 항상 바쁘고, 항상 멋지고, 특별하다. 그러나 그 내면에는 보이고 싶지 않은 상처나 아픔들이 가려져 있음을 느낄 수 있다.

상처 난 마음 안아주기

"사랑받지 못하는 것은 슬프다. 그러나 사랑할 수 없는 것은 훨씬 더 슬프다."

M.D.우나무노Miguel de Unamuno의 말이다. 사랑을 받지 못하면 사랑을 주는 법도 모르는 것 같다. 어릴 적 기억 속에 아빠는 항상 어려운 존재였다. 평소에 아주 조용하고 과묵한 성격이었지만 술만 마시면 다른 사람이 되어 우리를 움츠리게 만들었다. 때리거나 욕을 하는 것도 아닌데 어린 나이에 난 참 아빠가 어렵고 무섭고 두려웠다. 목소리만으로도 술을 마셨는지, 얼마나 마셨는지 알 수 있었고 그럴 때면 이불 속에 들어가 방 밖으로 나오질 않았었다.

항상 술을 즐겼던 아빠, 위태하게 엄마와 싸우던 모습, 그리고 처음이자 마지막이었지만 오빠에게 했던 손찌검까지…. 그때 일을 떠올리면 심장이 뛰기 시작한다. 그때는 왜 그렇게 아빠가 술에 취해 살았는지 이해하지 못했다. 지금 생각해보면 술을 통해 화를 꺼내신 듯하다. 받아보지 못한 부모에 대한 사랑의 기대가 원망이 되고, 그 원망을 비우기도 전에 '준비되지 않은 아빠'가 되었으니 감당하기 힘들었을지도 모른다.

그런 아빠의 모습에서 작은 아이를 보았던 것은 2년 전 친할머니가 돌아가셨던 장례식장 안이었다. 상주가 되어서 할머니 곁을 지키고 있던 아빠의 모습은 너무도 외롭고 슬퍼보였다. 아빠가 어렸을 때 할머니의 재혼으로 인해 아빠는 증조할머니 손에 키워졌고, 할머니의 사랑도 받지 못한 채 외롭게 성장했던 것이다. 난 그때까지만 해도 아빠는 외롭지 않은 사람인 줄 착각했었다.

이미 누군가의 부모이기에 앞서 누군가의 자식이었지만 아빠는 강한 사람인 줄 착각했었다. 아프지도 슬프지도 외롭지도 않은 그런 사람인 줄 알았다. 할머니가 없어도 슬프지 않은 혼자서도 모든 것을 잘 이겨나갈 것 같은 그런 존재였다. 그동안 아빠는 얼마나 외롭고 힘들었을까, 할머니가 얼마나 그리웠을까, 그런 생각을 하다 보니 왜 그렇게 아빠 마음속에 화가 많이 있었는지 충분히 알 수 있을 것 같았다.

아빠의 뒷모습이 보였다. 그리고 조용히 흐느끼는 어린아이가 보였다. 눈물로 그 어린 소년을 달래기라도 하듯 아빠는 숨죽여 울고 있었다. 우리가 자라는 동안 한 번도 안아주지 않고 무릎에 앉혀주지도 않았던 아빠였다. 그리고 사랑한다고 표현 한번 하지 않았던 아빠였다. 그런데 그 모든 것을 본인도 한번 받아보지 못해서 표현할 줄 몰랐었다는 것을 이제야 알게 되었다.

이제와 생각해보니 아빠에게 너무 죄송스럽고 부끄럽다. 지금은 결혼하고 아이들을 낳아 키우면서 내가 먼저 '사랑합니다'라는 표현도 하고 안아드리기도 한다. 그럴 때면 어색해 하시던 아빠도 이제는 웃으며 반응한다. 그리고 더 좋아한다.

난 고작 7년 동안 헤어져 있으면서도 힘들어했었는데, 아빠는 평생이다. 평생을 할머니가 아닌 증조할머니 품에서 자라서 '엄마' 소리 한번 제대로 불러보지 못하고 할머니를 보내고 있었다. 나보다 더 힘들었을 아빠, 그리고 더 외로웠을 아빠의 뒷모습이 보이기 시작했다.

마음에도 내시경이 필요하다

어쩌면 아빠도 홀로된 긴 세월 동안 외로움과 슬픔을 글로 쓰고 있었는지도 모르겠다. 항상 무언가를 쓰고 있었으니 말이다. TV를 보거나 라디오를 듣다가 좋은 말이 나오면 어김없이 받아 적고는 했다. 그리고 건강에 관심도 많아서 몸에 좋다는 것은 다 기록해 두고 우리에게 꼭 알려주었다. 지금도 집에 가면 여기저기 아빠의 글들이 눈에 많이 띈다. 그리움으로 상처내지 않고 자신의 상처를 어루만지던 글쓰기, 어쩌면 그 글쓰기가 있었기에 한평생을 잘 견뎠는지도 모르겠다.

당신의 마음을 지키는 '모닝페이지'에 보면 10여 년 동안 우울증과

알코올 중독에 빠졌다가 최근 중독에서 벗어나 창의성 관련 멘토로 활동하고 있는 줄리아 카메론Julia Cameron이 제안하는 글쓰기 방법이 있다. 그녀는 10여 년의 고통에서 벗어날 수 있었던 비결로 매일 아침 글쓰기를 추천했다. 어느 날 아침 아무 생각 없이 노트를 펴놓고 생각나는 대로 글을 쓰기 시작했던 줄리아 카메론은 며칠을 하다 보니 굳이 의사를 찾아가거나 술을 마시지 않아도 자신의 기분을 표현할 수 있게 되었다고 한다.

어떤 양식이나 형식도 필요 없다. 그냥 생각나는 대로 떠오르는 대로 적어나가면 된다. 아주 사소한 움직임이 얼마나 큰 변화를 가져오는지 글쓰기에 대한 상처 치유와 마음 회복이 어떻게 나타나는지 다시 한번 느끼게 될 것이다. 쓰다 보면 분명 나를 만나게 된다.

우리는 종종 마음이 있다는 것을 잊고 산다. 마음에도 정기적인 내시경이 필요하다는 것을 우린 외면한 채 살아간다. 누구에게나 감추고 싶은 마음의 상처가 있고 남에게는 절대 보이고 싶지 않은 열등감이 있다. 감추고 싶은 마음이 클수록 상처와 열등감은 나의 모든 것을 차지하게 된다. 그러나 그 감추고 싶은 감정에서 벗어나는 순간 그것은 아무것도 아닌 것이 된다.

살면서 상처받지 않고 순탄한 삶을 살아온 사람은 별로 없을 것이다. 저마다의 삶이 다르듯이 상처의 깊이 또한 다르다. 큰 나무를 자르면 세월을 이겨낸 나이만큼 나이테가 보이듯이 우리 삶에도 나이테가 분명 있다. 나이테의 크기가 크든지 작든지 그건 중요하지 않다.

얼마나 그 순간순간을 잘 견뎌내고 일어섰는지가 중요하다. 그리고 그 오래된 상처를 꺼내서 치유할 수 있는지가 더 중요하다.

힘들 때마다 내 옆에 있던 마음노트 한 권, 그 안에 꺼내기 시작하면서 나는 세월의 나이테를 잘 그려나가기 시작했었다. 당신도 충분히 이겨나갈 수 있다. 그동안 아프고 힘들었던 그 마음을 글로 쓰기 바란다. 쓰는 순간 당신의 마음은 하나 둘 흐르기 시작할 것이다.

"마음아, 그동안 얼마나 아프고 힘들었니?"

그때는 차마 할 수 없었던
이야기를 쓰다

환경을 이기고 극복하면서 담아두었던 이야기가 있을 것이다.
말하지 못하고 전하지 못했던 말들을 글쓰기로 말하라.

시인이며 소설가인 나탈리 골드버그Natalie Goldberg는 전 세계에 글쓰기 대유행을 일으킨 주인공이다. 글을 어떻게 시작해야 할지 무엇을 써야 할지 몰라서 고민하는 이들에게 때로는 강철처럼 단단하게 때로는 어머니처럼 따뜻하게 등을 두드리며 "머뭇거리지 말고 펜을 들라"고 말한다.

글을 쓰는 것처럼 내 삶을 어떻게 살아야 할지, 이 난관을 어떻게 헤쳐 나가야 할지 막막했던 적이 있었다. 그 이야기를 잠시 풀어보려 한다.

사랑만으로 시작한 동거

내가 남편을 만났을 때 서로의 상처는 달라도 어려운 환경에서 외롭게 자랐다는 공통점을 알고 난 후 우리는 쉽게 가까워지기 시작했다. 만나고 가족들에게 처음 인사하러 간 날 남편은 집에 가기 전에 나에게 이런 말을 했다. 나는 잘 살지도 못하고 부모님은 일찍이 이혼하고 아버지와 할머니가 계시다는 말이었다. 그러니 가난해서 내가 싫다면 지금이라도 좋으니 인사드리러 가지 않아도 좋다고 했다. 그러나 난 그가 말하는 환경이 귀에 들어오지 않고 그의 진심이 들렸다.

집에 가보니 그의 아버지와 할머니가 계셨다. 처음 뵙기에 어려울 줄 알았지만 할머니께서는 의외로 살갑게 대해주셨다. 그러면서 하는 말이 "우리 손자가 뭐가 좋아서 이렇게 없이 사는데 왔누?"였다. 오면 고생한다는 말을 그렇게 돌려 말하던 할머니, 그리고 은근히 나이가 4살 더 많은 나를 의식하며 살짝 무뚝뚝하게 대하던 아버님이 생각난다.

왜 난 그때 그의 환경이 아무런 문제가 되지 않았을까? 그동안 연애를 하면 집은 물론이고 차나 모든 환경을 보곤 했었는데, 그래서 부모님께 멋진 딸 노릇도 하고 싶었는데 말이다. 이 사람은 그렇지가 않았다. 아무것도 없었지만 아무런 조건 없이 마음이 갔다. 왠지 나의 어린 시절 이야기도 서슴없이 하게 되고 엄마 없는 빈자리를 내가 채워주고 곁에서 도와주고 싶었다. 엄마는 그런 나를 걱정했다.

"설마 결혼은 안 할 거지? 홀시아버지 모시고 없는 집에서 어떻게 살 거니? 그리고 나이도 어린데 나중에 바람피우면 어떡하려고?"라며 미리부터 걱정했다. 그 당시 연상연하 커플이라 하면 한 번 더 쳐다보던 시대였지만 우리에게 4살 차이는 아무 문제가 되지 않았기에 우리는 결혼을 하게 되었다.

결혼하고 살다 보면 많이 싸우게 된다. 그때 내가 살면서 가장 많이 들었던 말이 있다. "그렇게 싸우면서 왜 남편과 결혼하셨어요?" 심지어 아들한테도 들은 말이다. "엄마는 왜 아빠랑 결혼했어? 다른 남자랑 결혼했으면 싸우지도 않았을 텐데."

글쎄, 내가 왜 이 사람을 택했을까? 사람들에게는 "글쎄요 내가 미쳤었나 봐요"라고 장난스레 웃으며 말했지만 차마 아들에게는 그렇게 말할 수가 없었다. "그러니까 이렇게 멋진 아들이 태어났지? 엄마가 다른 사람하고 결혼했으면 우리 아들 못 만났을 텐데?"라고 말하곤 했다. 왜 만났을까? 왜 결혼하게 되었을까? 아마 이 사실을 알면 부모님께서 무척이나 속상해 하셨을지도 모르겠다.

나는 결혼 때문에 부모님께 부담드리고 싶지 않았다. 내가 결혼할 당시 보통 친구들은 2천만~3천만 원을 썼다고 했는데 난 그럴 여유가 없었다. 결혼자금을 신경 쓰고 걱정할 부모님을 생각하니 마음 한편이 답답했다. 그래서 차라리 없는 사람한테 결혼하는 게 더 나을 거란 생각까지도 했다. 그리고 결혼이 아닌 동거부터 시작했다. 그러다 결혼하면 크게 준비하지 않아도 되고 부모님 걱정도 덜어드릴 수 있다고 생각했다.

　동거로 시작하니 내 생각대로 크게 돈이 들어가지 않았다. 그렇게 시작한 결혼생활, 그러나 그때부터가 문제였다. 경제적인 문제에 부딪쳤지만 친정에 손을 벌릴 수도 없었고, 그렇다고 친구들에게 말할 수도 없는 노릇이었다.

환경을 이기고 나를 극복하는 방법

그저 부모님께는 잘살고 있는 모습만 보여주고 싶었다. 그게 자식의 마음이다. 그래서 살면서 한 번도 손을 벌리지 않았던 것 같다. 그래도 아마 엄마는 내가 어떻게 살고 있었을지 다 알았을 것이다. 난 항상 엄마에게 미안했다. 결혼해서 잘 사는 모습을 보여드리고 싶은데 그렇지 못했었다.

　용돈을 드릴 때면 항상 편지를 같이 넣었다. 많이 드리지 못하는 용돈 대신 마음을 더 넣고 싶었는지도 모르겠다. 그 마음이 읽혀졌는지 엄마는 이 돈을 어떻게 쓰냐며 내 주머니에 다시 넣어주시고는 했다. 그럴 때마다 더 속상했다. 아마도 그때부터 용돈을 드릴 때나 선물을 드릴 때면 작은 메시지를 전했던 버릇이 생겼을 것이다.

　마음을 전하는 데 있어서는 선물이나 돈도 좋지만 역시 편지가 더 마음을 뜨겁게 하는 무언가가 있는 것 같다. 어느 날 엄마의 옷장을 정리하는데 옷장 서랍에서 그동안 내가 엄마에게 드렸던 편지와 메모가 적힌 봉투들이 나왔다. 엄마는 항상 그 편지를 모아두셨던 것이다. 작은 메모까지도 말이다. 버릴 수가 없었다고 한다. 이렇게 선물을 드릴 때 마음을 같이 전하면 그 감동은 배가 되어 돌아온다.

사람들은 종이 위에 뭔가를 쓰라고 하면 "나는 글을 못 써요." "나는 쓰는 것보다 말하는 게 더 편해요." 등 무슨 말을 어떻게 써야 할지 모르고 고민하는 사람들이 있다. 분명 말을 할 때는 부드럽게 편하게 잘하면서 쓰라고 하면 못 쓰는 사람들.

그러나 나는 이와 정반대였다. 오히려 쓰라고 하면 잘 썼는데 말하라고 하면 어떻게 말해야 할지 심장이 뛰고 머릿속이 복잡해져서 제대로 말을 못했던 기억이 난다. 혹여 실수를 하게 되면 그 생각이 몇 날 며칠 나를 괴롭혔다. 왜 그렇게 말했을까, 왜 좀더 잘 하지 못했을까, 부족했던 내 모습이 파노라마처럼 머릿속을 맴돈다.

그래서 어쩌면 말로 표현하기 보다는 글로 더 표현하게 되었는지도 모르겠다. 차마 할 수 없었던 이야기를 글로 다 표현할 수 있으니, 이 얼마나 좋은 방법인가. 오로지 나만을 위한 글쓰기로 누구에게도 보여주지 않아도 되고 나만 볼 수 있는 나만의 흔적, 이것이 바로 글쓰기의 매력이다.

스스로 글을 쓰고자 마음먹었다면 글은 자연스럽게 나오게 되어 있다. 그러나 무엇이든 한두 번에 해결이 나는 것은 없다. 글쓰기 역시 한두 번 써보는 것만으로는 절대 모른다. 꾸준히 쓰는 작은 습관을 만들기 바란다. 메모습관 하나만이라도 꾸준히 하다 보면 굉장한 변화가 생기는 것을 느낄 수 있다. 그러다 보면 어느새 나도 모르게 많은 이야기를 쓰고 있을 것이다. 그때는 차마 할 수 없었던 이야기도.

글로 적어야만
허비한 인생을 되돌릴 수 있다

우리에게는 결코 많은 시간이 남아있지 않다.
앞으로 나의 시간을 글쓰기로 이루어 나가라.

네바다 대학의 심리학 교수인 헤이즈Steven Hayes는 삶의 의욕을 잃고
방황하는 젊은이들에게 묘비명을 쓰도록 했다고 한다. 그러자 참가
한 젊은이들에게 놀라운 변화가 일어났다. 묘비명을 쓰는 간단한 행
위만으로 술과 마약, 섹스에 중독되었거나 우울증으로 삶의 의욕을
완전히 상실했던 청소년들이 돌연 새 삶을 찾기 시작했다는 것이다.
분명 묘비명을 작성하는 것이 자신의 삶을 돌아볼 기회가 되었음이
틀림없다.

자신의 죽음을 바라보며 묘비명을 쓸 수 있다는 건 그만큼 삶에 대

해 진지하게 생각하고 내린 결과일 것이다. 누구나 인생의 종착역을 연상하는 순간 자신을 돌아보게 되고 타인의 시선으로 삶을 바라보게 되기 때문에 더 진지해질 수밖에 없는 것이다. 아마도 지금 나에게 묘비명을 쓰라고 하면 쉽게 쓰진 못할 것이다. 생각하고 또 생각하고, 한번 쓰면 영원히 남는 것이기에 신중에 신중을 기할 것이다.

인생을 편집하다

나의 업무는 전단이나 명함, 카탈로그 등 글과 사진들을 이용해 디자인을 편집하는 일이다. 일을 하다 보면 여러 가지 인쇄물 의뢰가 들어오는데 어느 날은 사전의료의향서事前醫療意向書라는 설문지가 들어온 적이 있었다. 한번 눈으로 훑어보고 설문지를 똑같이 작성하고 있는데 설문지 내용이 내가 죽기 전 남기는 유언 같은 내용이었다. 즉 나의 몸이 의사표시를 못하게 될 경우를 대비해 미리 작성해놓는 설문지였다.

내가 만약 병에 걸리거나 사고로 어떠한 의사표현도 못한 채 누워 있다 생각해보니 정말 답답할 것 같았다. 그리고 적어보기 시작했다. 나는 어떤 결정을 내리게 될지 말이다. 설문지 작성을 하다 보니 기분이 무척 우울해지기 시작했다. 정말 내 인생이 얼마 남지 않은 듯한 착각마저 들었다.

지난해 남편이 뇌출혈로 쓰러져 병원에 입원해 있을 적에 나는 이런 생각을 했었다. 내가 만일 저렇게 쓰러져서 일어나지 못하게 되면 우리 아이들은 어떻게 하나, 또 내가 관리하는 모든 통장과 중요한 자료들을 가족들이 몰라서 어려움을 겪거나 불편한 일은 없어야겠다는 생각이 들면서 유언 비슷한 것을 작성해본 적이 있었다. 쓰는 내내 가슴이 먹먹했다. 특히 사랑하는 아들과 딸에게 남기는 글은 이상하게도 남편과는 다르게 또 다른 아픔이 되어 눈물이 앞을 가려 마무리를 못할 정도였다.

　또 설문지에는 뇌사자 장기기증도 있었다. 뇌사란 여러 가지 원인에 의해 뇌의 기능이 비가역적으로 손상을 받아 자기 호흡이 없는 상태에서 인공호흡기로 호흡을 유지하고 일정기간 자동 박동 기능을 가진 심장이 기능을 지속하는 것을 말하는데, 뇌사 상태에서 기증할 수 있는 장기로는 심장, 췌장, 폐, 간, 신장, 췌도 세포, 소장, 각막, 골수가 있다고 한다.

　언젠가 딸아이가 나에게 이런 말을 한 적이 있다.

　"엄마, 난 죽으면 장기 다 기증할 거다. 그래도 되지?" 그 말을 듣는 순간 가슴이 철렁 내려앉고 울컥해서 말을 잇지 못했던 적이 있었다. 당장 어디가 아픈 것도 아니고, 그렇다고 장기기증서를 쓰고 온 것도 아닌데 듣는 것만으로도 가슴이 찢어질 듯 아파왔다. 딸의 질문에 어떻게 그래도 된다고 대답할 수 있을까 싶다.

　우리가 잘 아는 물리학자 알버트 아인슈타인 Albert Einstein 은 이례적인 유언을 남겼다.

"자신의 시신을 화장해 연구실 주변에 뿌릴 것, 묘지나 묘비는 절대 만들지 말 것, 장례식도 치르지 말 것, 두뇌를 제거해 과학발전에 이용토록 할 것"이었다. 우리는 얼마나 내 자신이 남겨지길 바라는가. 살아온 이 삶이 결코 헛되지 않길 바라며 그 삶을 기리고 싶어 하는 게 많은 사람의 바람이다. 그러나 내게 주어진 삶을 잘 살고 있는지 먼저 돌아볼 필요가 있다.

누군가에게는 일분일초가 아까울 시간이다. 시한부 삶을 사는 사람에게는 하루가 다르게 느껴질 시간인 것이다. 이 소중한 시간들을 우리는 어떻게 사용하고 있는지 돌아봐야 한다.

우리에게는 결코 많은 시간이 남아 있지 않다

우리에게는 얼마나 많은 시간이 남았는지 알 수가 없다. 그저 주어진 시간을 잘 사용하고 열심히 살아가는 수밖에 없다. 무슨 일을 하건 어떤 목적을 갖고 있건 주어진 시간을 효과적으로 관리하지 못한다면 살면서 원하는 결과를 얻기란 힘들 것이다. 인생의 불가피한 전환점들을 어떻게 대처할지 미리 고심하고 준비한다면 시간과 에너지를 최대한 아끼고 잘 사용할 수 있을 것이다. 나에게 가장 많은 에너지를 불어넣어 줄 수 있는 일을 찾기를 바란다.

"허비한 시간에 대한 후회는 앞으로 남은 시간을 보다 잘 쓰도록 하는 힘이 될 수 있다. 다만 나약하고 쓸모없는 후회와 허비하는 태도를 중단하기만 한다면."

미국의 저널리스트 아서 브리즈번Arthur Brisbane의 말이다. 나는 많은 시간을 낭비하고 살아왔다. 한때는 그저 이렇게 하루하루 살다보면 '그냥 세월이 가겠지' 하는 생각으로 아무생각 없이 살았던 적이 있었다. 그리고 두려움에 도전조차 못하고 포기했던 꿈도 있었다.

어쩌면 조금만 더 내가 나를 알게 되었다면 조금은 일찍 나의 길을 찾지 않았을까 하는 후회도 해본다.

내가 안고 있는 문제를 해결하기 위해 가장 먼저 해야 할 일은 종이 위에 그 문제를 적는 것이다. 그냥 말로 표현하는 것만으로는 절대로 해결책이 나오지 않는다. 글로 적어야만 한다. 그래야 다시금 돌아보고 '왜'라는 질문을 던지게 된다. 문제를 글로 표현하는 과정에서 이미 우리의 무의식은 문제를 해결하기 시작한다. 그리고 우리의 두뇌를 움직여 생각하게 만든다. 글로 적는다는 행위의 최고 장점이라고 할 수 있다.

글로 적는다는 행위 자체는 지극히 단순하지만 그 효과는 결코 무시할 수 없는 엄청난 위력을 가지고 있다. 정말 많은 사람이 글로 자신을 돌아보고 가까이 있는 사랑하는 사람들을 한 번 더 돌아보고 계획을 세우고 꿈을 이루어 가고 있다.

이제부터라도 우리에게 주어진 시간을 낭비하지 말고 잘 사용해나가기 바란다. 지금 이 순간 쓸데없이 시간과 에너지를 허비한 당신, 이제부터 새로 시작이다. 우리에게는 많은 시간이 있는 것이 아니다. 소중한 짧은 시간이 주어져 있을 뿐이다. 모든 것을 글로 써서 하나씩 이루어 나가라.

글을 쓰는 행위만으로도 나의 미래를 움직일 수 있다.
당신이 계획을 생각하고 써내려가는 순간,
미래는 현실이 될 것이다.

내가 글을 쓰기로 결심한 이유는 환경을 이겨야 했고, 어떻게든 내가 처한 환경에서 벗어나고 극복하는 일이었다. 글을 써서 내가 그 삶 속에서 빠져나오는 것이다. 너무너무 힘들고 고통스러울 때 비로소 자신의 본모습이 나온다는 말이 있듯이 진정으로 내가 몰랐던 내 모습을 볼 수 있었던 것은 글을 쓰면서 가능했다. 말로 표현하기에는 어렵고 감정을 표현하기에는 더욱 어려웠으나 글은 쉽게 나를 꺼낼 수 있는 유일한 방법이다.

2장

그래서, 나는 글을
쓰기로 결심했다

인생의 어느 순간,
위로가 필요할 때가 있다

어떤 말로도 위로가 되지 않을 때가 있다.
한 줄의 마음이 나의 마음을 움직이고 나에게 위로를 줄 수 있다.

미국에서 토크쇼의 여왕으로 불리는 오프라 윈프리Oprah Winfrey를 모
르는 사람은 거의 없다. 그녀는 미국을 움직이는 또 하나의 힘이자 막
강한 브랜드다. 사생아로 태어나 9살 때 19살의 사촌오빠에게 강간
당하고 엄마의 남자친구나 친척 아저씨 등에게 끊임없는 성적 학대
를 받았던 그녀다. 하지만 불행한 어린 시절을 잘 이겨내고 유색인종
에 대한 편견이 존재하는 미국사회에서 모든 악조건을 극복하고 흑
인으로서 당당하게 성공했다.

이처럼 어린 시절에 부모의 죽음, 이혼, 별거, 다툼, 학대, 이별 등 하

나쯤은 누구나 겪었을 것이다. 물론 평탄한 삶을 산 축복 받은 이들도 있을 테지만, 이 어두운 과거가 자신이나 많은 사람에게 얼마나 많은 상처를 안기고 흉터를 남기는지 겪어보지 않는다면 이해할 수 없을 것이다. 이들은 과거의 상처에서 쉽게 빠져나오지 못한다. 비슷한 삶을 살아가는가 하면 꿈과 비슷한 사람을 통해 다시금 과거를 떠올리게 되고 괴로워할 때가 많다.

불우한 환경 속에서도 보란 듯이 최고의 자리에 오른 인물은 여럿 있다. 앞에서 소개한 오프라 윈프리와 영국의 팝가수 앨튼 존Elton John 등 많은 사람이 환경을 이겨내고 성공에 이른 예가 있다. 이들은 우울한 과거에 매달리거나 주저하지 않고 자신의 길을 개척하고 꿈을 이루기 위해 노력해 마침내 모두가 부러워하는 최고의 자리에까지 올랐다.

이들을 세운 힘은 과연 무엇이었을까? 그건 바로 나약한 자기 자신을 이긴 자기애였다. 불우한 환경이나 부모를 원망하지 않고 그 속에서 자신을 믿고 강하게 단련한 결과다. 그 어떤 것에도 휘둘리지 않는 신념이 있었기에 흔들리지 않고 넘어져도 다시 일어나는 오뚝이 같은 끈기와 노력이 있었던 것이다. 우리는 간혹 '부모 때문에' 또는 나 때문이 아닌 '너 때문에'라는 핑계를 대며 나약함을 인정할 때가 얼마나 많은가.

어떤 말로도 위로가 되지 않을 때가 있다

나 또한 불우한 어린 시절을 겪었다. 부모님과의 이별 후 2년여 만에 다시 만났던 부모님은 우리에게 또 미안하다고 말했다. 이제는 함께 할 수 있을 거란 믿음이 한순간에 무너져 내렸던 순간이었다. 부모님의 형편은 우리와 함께 할 수 없는 아주 어려운 상황의 연속이었다. 인천에 올라오자마자 지인 소개로 내가 간 곳은 바로 다름 아닌 보육원이었다.

말로만 듣던 보육원, 처음 내 귀를 의심했었다. 내가 왜 여길 들어가야 하는지 이해가 안 갔다. 부모가 없는 것도 아닌데 '내가 왜?' 갑자기 억울한 생각이 들었다. 떨어져 지내면서 힘들게 산 것도 억울한데, 또 이런 환경 속에 왜 우리가 갇혀 살아야 하는지 받아들여지지가 않았다. 그리고 부모님을 이해하기도 용서하기도 싫었다. 그러나 그 또한 내가 결정하고 뒤집을 수 있는 일은 아니었다.

또다시 눈물을 머금고 어른들의 결정에 따라야 했다. 그래도 이번에는 함께하진 못하지만 부모님이 가까운 곳에 살아서 소식을 들을 수 있고 볼 수도 있어서 그나마 다행이란 생각이 나를 조금은 위로하고 있었다. 그렇게 우린 만나자마자 하루 만에 이별을 했다.

가장 예민한 시기인 중2에 새로운 환경을 만나 적응하고 싶지 않은 적응을 해야 했다. 워낙 말이 없고 속을 내보이지 않던 나는 언제부턴가 무언의 반항을 하기 시작했다. 흔히 말하는 노는 애들과 어울리기도 하고 머리카락도 짧게 잘라서 마치 남자애처럼 다니기도 했다. 마냥 착하게만 살기에는 내 상황과 환경이 나를 비웃는 것만 같아 견딜 수가 없었다. 내가 아닌 나로 살아가야 했다.

그래야 보육원에 우리를 맡긴 부모님이 후회할거란 생각이 들었다. 분명한건 내가 그 안에 있어야 한다는 게 너무 싫었다. 그러면서도 혹시나 부모님이 후회하고 우리를 데리러 오지 않을까 내심 기대하며 기다리기도 했던 날들의 연속이었다. 그렇게 나의 학창시절이 지나갔다. 많은 아이들이 처해진 현실로 인해 반항하며 곁길로 나가는 모습들이 너무도 자연스럽게 보이는 곳이었다.

그러나 자신의 환경을 비관하지 않고 열심히 공부해서 좋은 곳으로 취직하는 선배들을 보면 나 자신이 부끄러울 때도 있고 마음을 새롭게 잡아보기도 했다. 그런 마음을 잡고 휘둘리지 않기 위해 내 마음을 어떤 식으로든 표현하고 표출해야만 했다.

때로는 시로, 때로는 일기로 마음을 적어나가기 시작했다. 아마 그 동안 늘 써왔던 글쓰기와는 다른 분노의 글쓰기, 그리고 위로의 글쓰기의 시작이 아니었나 싶다. 그래서일까? 내 일기장에는 항상 자물쇠가 채워져 있었다. 누구에게도 보이고 싶지 않고 들키고 싶지 않은 마음들이었다.

나의 단점을 장점으로 바꾸기

기생충 교수로 잘 알려진 서민 교수는 인터뷰나 방송에서 자신의 외모를 농담의 소재로 삼곤 한다. 어릴 적부터 '눈 작고 못생긴 애'로 통했으며 중학생 때에는 선생님마저 그의 작은 눈을 조롱하는 일이 있었다고 한다. 친구가 없어 제기를 차며 시간을 보내곤 했다는데, 어느 순간 못생겼다고 놀리던 그 광경들이 자꾸 떠올라 '이것을 갚는 길은 성공하는 길이다. 성공하는 것밖에 없겠다'라고 생각해서 가장 자신 있는 글쓰기를 시작했다고 한다. 글쓰기를 통해서 남들한테 인정도 받고 많이 알려지게 된 것이다.

글을 쓰다 보니 글쓰기에 굉장한 매력이 있다는 걸 느꼈고 자기 생각을 글로 잘 표현할 수 있다는 게 좋았다고 말했다. 글을 쓰다 보면 생각이 정리가 되어서 '아, 이렇게 생각할 수도 있구나'라는 걸 깨닫게 되는 것도 있다고 했다. 책을 읽을 때도 여행을 가거나 영화를 봐도 마찬가지다. 뭔가 글을 쓴다는 것은 그때의 그 느낌을 자기 것으로 만드는 가장 좋은 수단임에 분명하다.

그 어떤 말로도 위로가 되지 않을 때가 분명 있다. 그러나 더 분명한건 그 고통이 계속 되지는 않는다는 것이다. 인생에서 오르막길이 있으면 반드시 내리막길이 있듯이 지금의 힘든 고난의 시기도 내일이면 고개를 숙이고 꺾어지기 시작할 것이다.

한편의 시가 나의 마음을 움직이고 한편의 책이 나의 길을 움직인다. 그러나 한편의 글쓰기는 나의 인생을 움직이게 될 것이다.

　보는 글과 쓰는 글은 분명 다르다. 보는 글은 잠깐 머무르게 하지만 쓰는 글은 영원히 남는다는 사실이다. 나의 이야기를 통해 새로운 나를 발견하고 만들어가길 바란다. 인생의 어느 순간 위로가 필요하다면 당장 글을 쓰기 바란다. 당신의 인생이 그 순간부터 서서히 움직이기 시작할 것이다.

자기다운 글쓰기로
자신을 해체하라

낙숫물이 돌을 뚫듯이 글을 쓰다 보면 내면의 내 모습과 만나게 된다.
글쓰기를 통해 나를 해체하고 나를 알고 나에게 주는 유익함을 생각해보자.

결혼을 하고 나서 제일 신경 쓰였던 것 중에 하나가 음식이었다. 결혼
전 음식하는 것을 별로 좋아하지 않았다. 치우는 것은 좋아하는데 음
식을 만드는 것은 생각보다 잘 되지 않았던 것 같다. 그런 나를 보며
엄마는 "너 그렇게 해서 어떻게 시집갈래?"라고 말하곤 했다.

"음식 잘하는 남자 만나야지 뭐!" 대답은 이렇게 했지만 막상 결혼
날짜가 다가오니 마음이 조급해지기 시작했다. 직장생활로 인해 제
대로 살림을 배우지 못했던 것이다. 어쩌면 배울 생각이 없었는지도
모르겠지만 말이다. 조급한 마음에 요리책을 사서 그나마 쉬워 보이

는 음식으로 하나씩 해보기 시작했다. 쉽게 할 수 있을 것 같았는데 생소한 이름도 많고 재료도 하나씩 없어서 못하는 경우가 생기고 양념이나 소스도 낯선 이름이 많이 나와 도무지 요리책을 보고는 쉽게 되지 않았다. 구입한 요리책이 2권, 3권이 되어갔지만 마땅히 쉽게 할 수 있는 게 나오질 않았다.

그런데 생각해보니 엄마는 요리책을 보는 것도 아니고, 특별한 소스를 넣는 것도 아닌데 맛이 있다는 생각이 들기 시작하면서 '아하 바로 이거구나.' 그 순간 나에게 딱 맞는 것을 찾게 되었다. 바로 엄마의 손맛을 훔치는 것이었다. 무엇으로? 글로 말이다.

나를 위한 글쓰기

적당한 크기의 수첩을 준비해서 그동안 맛있게 먹었던 엄마의 음식을 1번부터 나열하기 시작했다. 국 종류, 찌개 종류, 무침 종류, 그리고 탕이나 마른 반찬 등 종류별로 써놓고 보니 꽤 많은 음식의 종류가 적혀 있었다. 엄마가 음식할 때마다 직접 옆에서 보면서 순서와 들어가는 양, 그리고 양념들을 적기 시작했다. 말 그대로 처음부터 끝까지 순서대로 그대로 옮겨 적기 시작했다. 내가 이해하기 쉽고 알기 쉽게 말이다.

그렇게 하나씩 모아서 쓰기 시작한 메뉴가 총 50여 가지 되는 것 같다. 그때의 노트가 20여 년이 지난 지금도 내 주방서랍에 놓여 있다.

누구에게 보이거나 가르쳐주기 위한 메모가 아니었다. 오직 나를 위한 것, 내가 기억하고 싶은 것, 내가 알고자 하는 것들을 글로 써놓은 것이었다. 아마도 누군가 나에게 요리책을 한번 만들어 보라고 했으면 못했을 것이다. 그러나 나를 위해 하나씩 쓰다 보니 어느새 요리책이 되어 있었던 것이다.

글도 마찬가지다. 글을 쓰라고 하면 막상 어렵게 느껴지지만 하루를 시작하면서 누군가에게 보내는 카카오톡 메신저나 받은 문자 메시지를 보며 답장을 하다 보면 어느새 장문의 글이 만들어질 때가 있다.

『노인과 바다The Old Man and the Sea』의 저자로 잘 알려진 어니스트 헤밍웨이Ernest Hemingway는 20대 때 프랑스 파리에서 기자로 활동을 했다. 그때 소설 습작을 시작했는데, 글이 풀리지 않을 때마다 자신에게 이렇게 말했다고 한다. "걱정하지 마. 넌 지금까지도 잘 써 왔으니 앞으로도 잘 쓸 거야. 일단 정직한 문장 하나를 쓰면 돼. 네가 아는 가장 정직한 문장을 써봐. 그러면 거기서부터 글을 써 나갈 수 있을 거야. 그것은 어렵지 않아."

그렇다. 자기가 잘 아는 것에 대해 정직하게 쓰는 태도가 중요하다. 이때 정직한 태도는 겪지 않아 모르는 것을 배제하고, 오로지 자기가 겪어서 잘 아는 것을 쓴다는 뜻이다. 남의 이야기가 아닌 것이다. 오직 나의 이야기, 나의 삶을 쓰는 것이 글쓰기이다.

독일의 철학자 쇼펜하우어 Schopenhauer 가 말한 '세 종류의 글쓰기'가 있다. 생각 없이 쓰는 글, 생각하면서 쓰는 글, 그리고 충분히 생각한 뒤 쓰는 글이다. 가장 좋은 글은 물론 충분한 사색 후 쓰는 글일 것이다. 이왕 쓰는 것이라면 좋은 문장을 많이 써보길 바란다.

글을 쓸 때의 감정이 우울하거나 슬프다면 당연히 글은 슬프게 나온다. 희망적일 수가 없다. 그러나 쓰다 보면 내 안에 있는 모든 감정과 생각들이 서서히 빠져나온다.

우리가 말을 배우기 전 수십 번을 보고 듣고 말하듯이 삼박자가 잘 어우러지면 쓰는 것 또한 아무런 문제가 되지 않는다. 우리는 이미 하고 있지 않은가? 이메일, 블로그, 인스타 등 SNS를 통해 많은 사람과 글쓰기로 소통하고 있는 자신을 확인해보라. 정말 놀랄 것이다. 내가 이렇게 많은 글을 쓰고 있었는지 말이다.

『대통령의 글쓰기』 저자 강원국 작가는 글쓰기가 힘들어질 때 자기최면을 걸라고 했다. 글쓰기는 누구나 어려운 것이면서도 가장 쉽게 쓸 수 있는 것이라고 한다. 글쓰기가 어려운 것은 글에 욕심을 내기 때문에 못 쓰는 것이라며, 잘 쓰려고 하지 말고 멋 부리려 하지 라는 것이다. 그저 진짜 나를 꺼낼 생각만 하라는 것이다. 그러면 언젠가 써지는 순간이 온다고 말한다.

단어 하나, 감정 하나, 눈물 하나가 글이 되다

점적천석點滴穿石이라는 한자성어가 있다. '낙숫물이 돌을 뚫는다. 하찮은 것이라도 모이고 쌓이면 뜻밖에 큰 것이 된다'라는 뜻이다. 끊임없이 계속하면 반드시 성공한다는 비유인데, 수적천석水滴穿石이라는 비슷한 한자성어도 있다. '작은 물방울이라도 끊임없이 떨어지면 결국엔 돌에 구멍을 뚫는다'라는 뜻이다. 작은 노력이라도 끊임없이 계속하면 큰일을 이룰 수 있다는 말이다.

무엇을 하든 노력이 필요하다. 글쓰기 또한 그렇게 한 방울 한 방울 떨어지는 물방울처럼 한 글자 한 글자 써내려가면 된다.

나는 오랜 시간 글을 쓰고 있었다는 것을 모르고 살았다. 항상 쓰던 글을 막상 제대로 쓰려니 처음엔 겁도 나고 내가 정말 잘할 수 있을까 걱정도 많이 되었다. 그런데 지난날을 회상하며 한 자 한 자 써내려가다 보니 내 삶이 자연스럽게 묻어나왔다.

글쓰기는 결국 나를 쓰는 것이다. 나의 생각과 나의 삶, 나의 감정을 쓰는 것이다. 어쩌면 우리 모두는 작가의 기질을 타고 태어났는지도 모르겠다. 이름 석 자를 쓰기 시작하면서부터 나의 인생노트가 펼쳐지니 말이다. 갓난아이가 엄마를 수십 번 부르다 엄마를 말하는 것과 같이 쓰는 것도 같은 글자를 수십 번씩 쓰면서 글자를 알아간다.

글쓰기도 마찬가지다. 단어 하나, 감정 하나, 눈물 하나 떨어뜨리며 꺼내던 글들이 이제 나의 생각을 말하고 나의 인생을 말하기 시작하는 것이다. 글을 쓰다 보면 내가 보인다. 내가 무슨 생각을 하는지, 무엇을 하고 싶어 하는지, 그 누구도 나를 해체할 수 없지만 글쓰기를 통해 나를 해체할 수 있고 더 알아갈 수 있는 것이다.

또한 글을 쓰는 삶은 그 어떤 삶보다 진지해질 수 있다. 앞으로 나아갈 길을 생각만으로 공중에 띄우는 것이 아니라 분명하게 보이도록 써놓기 때문이다. 쓰여 있는 글은 우리의 뇌를 더 움직이게 하고 자극하게 만든다. 그렇기에 더 강력한 에너지가 발산된다.

당신의 에너지를 이제 글쓰기에 쏟아내라. 자기 생각을 말하듯이 쓰고 자기다운 글쓰기로 자신을 해체하라.

글쓰기로 인생의 모든 순간을
놓치지 말자

글쓰기는 모든 쓰기의 행위다.
시를 통해 내가 보는 세상을 쓰고, 보이는 세상을 마음껏 표현하라.

노래하는 음유시인이라고 불리는 고故 김광석을 기억하는가? 그를 생각하면 기타를 메고 눈을 지그시 감고 앉아서 노래 부르던 모습이 떠오른다. 항상 말하듯이 노래를 부르던 가수였다. 목소리에서는 절절함이 묻어나기도 하고 진솔함이 묻어나기도 했다. 사랑노래도 슬프게 들리고 이상하게 모든 노래에 울림과 떨림이 있었다.

김광석이 부르면 모든 노래가 시가 되었다. 눈을 감고 부르는 노래마다 마치 색깔을 입은 시를 읊는 것과도 같았다. 지금은 고인이 되었지만 아직도 많은 사람이 김광석의 노래를 좋아하고 그리워한다.

어쩌면 마음을 울리는 노래와 가사가 사람들의 심금을 울리기 때문인지도 모르겠다.

시詩도 마찬가지다. 나의 생각이 시가 되고 나의 삶이 시가 되어 마음속에 울림이 생기는 것이다. 시는 자신의 정신세계나 자연 그리고 삶에 대해 일어나는 느낌이나 감동 및 생각을 함축적이고 운율적인 언어로 표현하는 글을 말한다. 시가 가진 감성을 느껴본 적이 있는가?

보이는 세상을 시로 표현하다

언제부터였을까, 내가 시를 좋아하고 흉내 내듯 쓰기 시작했던 때가. 아마도 감수성이 제일 예민했던 중2부터였나보다. 내가 살던 시골은 지금처럼 집밖에 나가면 네온사인이 가득한 거리가 아니었고 저녁이면 깜깜한 암흑이었다. 칠흑 같은 밤을 비추는 건 오직 별뿐이었다. 하늘이 온통 별천지였다. 마당에 널찍하게 자리한 평상에 누워 하늘을 바라다보면 모든 별이 나에게 쏟아질 것 같은 기분마저 든다.

그 추억 때문이었을까, 지금까지도 윤동주의 '별 헤는 밤' '서시'를 가장 좋아한다. 언제 받았는지 기억은 잘 나지 않는데 내게는 윤동주 시인의 시가 담긴 『하늘과 바람과 별과 時』라는 시집형 일기장이 있다. 시가 쓰인 장을 한 장 넘기면 다음 장은 비워져 있다. 일기나 시를 나름대로 쓸 수 있게 만든 공간이었다.

시인의 시집을 망치는듯해서 쓰다 말고 새로운 노트에 시를 쓰기 시작했었는데 지금 보니 '내 마음의 시집'이라 이름 붙여진 이 작은 한 권에 시가 130여 편 적혀 있는 게 보인다. 세월이 한참 지나서 보고 있자니 유치하기도 하지만 신기하게도 시를 쓰던 그 당시의 감성이 살아나고 기억난다.

그렇게 시를 가까이하던 나는 교내 백일장 대회에서 시를 통해 상을 받게 되면서 선생님들의 관심을 받게 되었다. 특히 국어선생님이 나의 시를 읽어주시며 많은 칭찬을 해주셨던 기억이 난다. 꾸준히 시를 쓰라고 다음에도 기대해본다는 말과 함께 말이다.

지금도 그 시의 제목이 생각난다. '복도'라는 제목으로 시를 지었었는데 인천으로 전학을 오기 전 내가 지냈던 학교는 나무로 된 마룻바닥으로 되어 있었고 기름칠을 자주했던 기억이 난다. 인천 학교는 모두가 시멘트바닥에 페인트가 칠해져 있었는데 문득 어떤 시를 쓸까 고민하던 중 전 학교 복도가 생각났었다. 아이들이 몰려간 복도바닥에는 반지르르하게 기름칠했던 복도 위로 수많은 아이의 발자국이 찍혀있었고 발길이 닿지 않았던 공간은 뽀얗게 먼지가 내려앉은 모습이 시상을 떠오르게 만들었다. 나의 시상과 추억이 곁들여져 아주 자연스럽게 시가 만들어졌던 기억이 난다.

잘 지어서 상을 타야겠다는 생각도 멋을 부리고 싶은 생각도 없었다. 그저 있는 그대로 지난날 내가 보고 느꼈던 그대로를 한 줄 한 줄 적어나갔던 기억이 있다. 어쩌면 아무 욕심 없이 순수하게 써졌기에 상을 받을 수 있었는지도 모르겠다.

글쓰기는 모든 쓰기의 행위다

글쓰기는 마음을 있는 그대로 표현하면 된다. 그 어떤 옷도 입히지 않고 가장 편안한 상태의 내 모습 그대로를 글로 쓰면 되는 것이다. 전혀 어려운 일이 아니다. 스스로 글을 쓰려는 마음만 먹는다면 글은 자연스럽게 나온다.

그저 무엇을 쓸까 떠올리지 말고 내 안에 여기저기 떠다니는 생각을 붙잡아내기만 하면 된다. 눈앞에 나무가 보이면 나무를 통해 느껴지는 감정을 적어내려 가보자. 시원함을 선사하고 그늘이 되어주고 등을 기댈 수 있는 친구가 되어주는 나무의 이미지를 떠올리면 되는 것이다.

백일장 이후로 선생님들의 관심을 받게 되니 더 열심히 해야겠다는 동기부여가 되었던 것 같다. 그 뒤로 난 혼자 있는 시간과 시를 쓸 수 있는 공간이라면 어디든 틀어박혀 시를 썼다. 혼자 생각하고 쓰기 시작했던 나의 시상들이 한 편 두 편 나만의 시집으로 탄생하게 되었고, 꿈도 생기게 되었다. "반드시 시인이 될 거야." 나의 꿈은 나를 더 상상 속으로 이끌고 움직이게 만들었다. 더 이상 외롭지도 않았다.

시와의 또 다른 운명은 또 다시 이어졌다. 고등학교 때 나이 지긋한 시인 한 분이 내가 다니던 학교에 방문한 적이 있었다. 키가 작은 편이었는데 머리에는 갈색 빵모자를 쓰고 손에는 시집과 메모지가 들려 있었다. 그리고 와이셔츠 왼편주머니에는 검은색 만년필이 꽂혀 있었는데 그 모습 자체로도 내 마음을 설레게 했던 순간이었다.

강의를 듣는 내내 시인에게서 한시도 눈을 뗄 수가 없었다. 왜냐하면 그분도 항상 손에 수첩과 펜을 갖고 다니며 시상을 적는다는 말을 듣는 순간 온몸에 전율이 흘렀기 때문이다.

이미 그렇게 하고 있었기에 듣는 내내 신기하면서도 흥미로웠다. 그리고 별을 시상으로 많이 쓰신다는 이야기까지 듣고 나니 왠지 나도 시인이 될 수 있을 것 같은 작은 희망이 생겼다. 1시간 남짓한 시간이 얼마나 짧은 시간이었는지 빠르게 지나간 그 시간이 무척 아쉽게 느껴졌다. 지금 생각해볼 때 안타까운 점은 시인의 이름을 잊어버린 것이다. 분명 어딘가에 적어놓았을 텐데 그 메모지를 찾을 수가 없었다.

우리 삶 가운데 시를 접할 기회가 그리 많지 않다. 그러나 시를 쓸 수 있는 기회는 많다. 나 또한 백일장과 시인의 만남을 통해 꿈꾸기 시작한 작은 희망이 꾸준한 실천이 되어 지금 이렇게 글을 쓰고 책을 쓰고자 하는 내 마음을 키워낸 것이다. 그 마음이 순간을 이기고 세월을 견뎌내며 여기까지 왔듯이 당신도 어느 순간 글을 쓸 기회가 있을 것이다. 그 순간이 온다면 진지하게 글을 써보기 바란다.

우리가 글을 쓰고자 한다면 우리 주변에 글을 쓸 소재는 무궁무진하다. 세상을 살면서 우리는 많은 사람을 만난다. 그리고 그 사람들과 소통하며 많은 감정을 느끼고 많은 생각을 하게 된다. 버스를 타고 갈 때 우연히 보게 되는 장면과 사람들, 나무와 하늘을 바라볼 때면 문득 떠오르는 시상과 생각, 기억들이 있다.

삶의 순간들을 놓치지 말기 바란다. 그 어느 것 하나 그저 지나칠 수 없는 게 인생이다. 나는 지금도 내가 살아낸 오늘을 글로 쓰고 있다. 그 글은 시가 되어 다시 나에게로 돌아온다. 봄, 여름, 가을, 겨울처럼 말이다.

너는 더 이상 내게
상처를 줄 수 없다

알게 모르게 상처내고 상처받는 일상에서 상처받지 않는 방법은
그 상처를 꺼내고 지우는 일이다.

미국의 자살 연구학자 필립스David Philips는 유명인의 자살 사건이 언론에 보도된 이후 일반인의 자살이 급증하는 패턴을 발견하고, 이 현상에 '베르테르 효과'라는 이름을 붙였다. 독일의 문학가 요한 볼프강 폰 괴테Johann Wolfgang von Goethe 가 1774년에 간행한 소설 『젊은 베르테르의 슬픔Die Leiden des jungen Werthers』에서 유래했으며 동조 자살 또는 모방 자살이라고도 한다. 즉 유명인이나 자신이 모델로 삼고 있던 사람 등이 자살할 경우 그 사람과 자신을 동일시해서 자살을 시도하는 현상을 '베르테르 효과'라고 부르는 것이다.

전문가들은 이런 심리상태를 막기 위해서 사건이 진행되는 과정이나 방법 묘사 등을 최대한 자제해야 한다고 말한다. 자살은 연예인뿐만이 아니라 일반인에게서도 많이 나타난다. 인터넷의 발달로 자살 사이트를 통한 동반자살까지 급증한 상태다.

자살은 남은 사람들에게 상당한 고통과 아픔을 주고 씻을 수 없는 상처를 남긴다. 특히 가까운 사람에게 큰 상처가 되는 만큼 자살 앞에 서봤던 사람이라면 한번쯤 자신을 돌이켜봐야 할 것이다.

상처는 생명조차도 내려놓게 만든다

보건복지부에서 발표한 〈2016년 정신질환실태 조사〉에 따르면, 우리나라 성인의 15.4%는 평생 한 번 이상 심각하게 자살을 고민한 경험이 있는 것으로 나타났다. 그 중에 3.0%는 실제로 자살을 계획해보고 2.4%는 자살을 시도했다고 한다. 그만큼 많은 사람이 자살에 대한 경험을 해보았다는 것이다. 자살에 대해 생각하거나 행동하는 것은 결코 남의 일만은 아님을 알 수 있다.

나도 자살을 생각했던 적이 있었다. 처음에는 현실을 비관해서 자살을 시도하려 했었다. 살아간다는 것에 의미가 없었기에 그 어떤 것도 나에게 힘이 되질 않았다. 내가 죽으면 다 끝날 것 같고 편할 것 같았다. 그러나 당시를 생각하면 죽을 용기조차 없던 나였다.

죽을 생각을 하고 동생들에게 편지를 쓴 적이 있다. 아무것도 모르고 자고 있는 동생들의 얼굴을 보고 있자니 눈물이 나왔다. 그리고 내가 없으면 동생들이 더한 괴로움과 외로움 속에서 살 것 같은 생각이 들면서 한없이 눈물만 나왔다.

숨을 참아보기도 하고 손목을 끊을까도 생각해봤다. 그때마다 엄마 모습이 떠올랐다. '엄마가 얼마나 슬퍼할까, 함께 살지도 못하고 우리를 낯선 곳에 보냈던 엄마가 얼마나 괴로워할까, 평생을 자책하며 얼마나 오열을 할까.' 이런 생각이 들자 차마 목숨만은 버릴 수가 없었다.

그렇게 나의 마음을 다잡을 때쯤 또 한 번 자살 충동을 느꼈던 적이 있는데 사랑하는 친구와 남자친구의 배신으로 인한 충격 때문이었다. 심장이 요동치는 감정을 억누르지 못하고 그동안 쓰고 있던 추억의 일기장을 모두 찢어 불태워버렸다.

나의 삶과 추억이 깃들어 있던 일기장이 새까만 재가 되었어도 마음은 가라앉지 않았다. 마음은 갈수록 시커멓게 멍이 들었고 잠도 오지 않았다.

억울함과 배신감에 온몸이 떨려왔지만 방법이 없었다. 아마도 한강 다리가 보였다면 바로 뛰어내렸을 것이다. 2시간은 족히 걸리는 거리를 울며 하염없이 걸어왔던 기억이 난다. 몸도 마음도 망신창이가 되어 집까지 어떻게 갔는지도 모르겠다.

꿈이었으면 했다. 나쁜 꿈을 꾼 거라고 스스로 최면을 걸었지만 꿈이 아니었다. 잠에서 깨어나니 눈은 퉁퉁 부어 있었고 얼굴은 엉망진 창이었다. 정말 살기가 싫었다.

그 날로 수면제를 구입하기 시작했다. 그러나 그 어떤 약국도 학생 인 나에게 수면제를 팔지는 않았다. 결국에는 엄마 핑계를 대고 약 을 사려다 전화번호를 묻는 약사의 말에 겁이 나서 약국을 뛰쳐나왔 던 경험이 있다. 참으로 어리석은 선택을 할 뻔했던 날들이었다. 그 뒤로 난 한참동안 일기를 쓰지 않았다. 아무것도 쓸 수가 없었고 쓰 고 싶지가 않았다. 글을 쓸 수조차 없을 만큼 나의 생각은 메마르기 시작했다.

마치 몇 날 며칠 물을 먹지 않아 메마른 식물처럼 말이다. 그러나 나는 어느 순간 또다시 글을 쓰고 있었다. 쓰면서 다시 생각이 나니 울고 또 울고 그렇게 계속 내 마음을 써내려갔다. 그러다보니 어느새 용서의 글이 써지고 있었다. 그래도 친구만은 잃고 싶지 않다는 마음 이 컸던 것 같다. 많은 시간이 지난 후에야 결국 난 친구를 용서하게 되고 지금까지 인연을 이어오고 있다.

그래도 글을 통해 방황을 이겨내고 상처를 치유했던 내 과거의 작 은 행위가 자랑스럽게 느껴진다. 그래서 난 지금까지도 일기를 쓰고 있다. 내 마음을 온전히 알아주고 받아주는 건 일기뿐이었으니까 말 이다.

누구도 내게 상처를 줄 수 없다

우리 사회는 스스로 목숨을 끊은 연예인들 대부분에 대해 유서도 남기지 않고, 뚜렷한 이유가 없다는 이유로 '우발적 충동에 의한 자살'이라고 결론을 내린다고 한다. 우발적 충동에 의한 자살이 맞을까?

자살하는 사람들에게는 반드시 이유가 있다. 크든 작든 사건이 분명 있다는 것이다. 그리고 근거 없이 떠도는 소문과 댓글로 인한 우울증을 겪는 경우가 많다. 특히 우울장애는 감정, 생각, 신체 상태, 행동 등에 변화를 일으키는 심각한 질환이다. 이것은 한 개인의 전반적인 삶에 영향을 준다.

우울증은 일시적인 우울감과는 다르며 개인적인 약함의 표현이거나 의지로 없앨 수 있는 것이 아니라고 한다. 그리고 생활고에 힘들어 지친 사람들, 또 유혹을 뿌리치지 못하고 술이나 약에 의존하는 경우가 허다하다고 한다. 일반인도 그런데 연예인이나 유명 대기업 CEO나 간부들이 겪는 고충은 오죽할까.

우리는 생명의 소중함을 망각하고 살아간다. 그리고 내가 쉽게 내 생명을 끊을 수 있다고 생각한다. 분명 내가 태어난 이유가 있을 텐데, 그리고 내가 살아갈 이유가 있을 텐데 순간의 잘못된 생각으로 선택을 잘못 내릴 때가 분명 있는 것이다. 그러나 숨 쉴 수 있고 온몸이 건강한 육체를 가지고 있음에 분명 감사할 날이 올 것이다. 이 평범한 일상이 또한 얼마나 감사한 나날인지도 느낄 수 있을 것이다.

우리는 여전히 상처를 내고 있다. 말이나 행동으로 우리 자신도 모르게 상대방에게 상처를 주고 있다. 그리고 나 자신에게도 상처를 낸다. 생각으로 마음으로 행동으로 말이다. 얼굴이 아니라 마음의 상처 말이다. 다른 사람에게 상처받고 그 일로 자신에게 상처를 주는가 하면 내가 나에게 화가 나서 상처를 내는 경우도 있다.

당신은 이 상처들을 어떻게 치유하고 있는가? 모든 괴로움과 시련, 그리고 당신이 겪는 상처는 당신이 충분히 이겨낼 수 있는 것들이다. 나는 더 이상 상처받지 않기로 했다. 그래서 글로 나를 채워가고 있다. 내가 약해서 흔들리지 않도록, 더 이상은 같은 실수를 반복하지 않도록 말이다. 그리고 그 누구도 나에게 상처 줄 수 없도록 말이다.

감정 표현에 서툴다면,
감정을 글로 쓰자

속 안에 수많은 감정들을 꺼내야 한다.
어떤 방법으로든 속에 쌓여 있는 감정들을 표현해야 건강한 내가 된다.

"다른 사람이 칭찬을 하든지 비난을 하든지 나는 개의치 않는다. 다만 내 감정에 충실히 따를 뿐이다." 이는 천재 음악가 볼프강 아마데우스 모차르트Wolfgang Amadeus Mozart의 말이다.

우리 안에는 수많은 감정이 살고 있다. 마치 어떤 마을을 이루고 살고 있는 듯 여러 가지의 감정이 그때그때 우리의 상황에 맞게 튀어나오곤 한다. 하루는 일곱 색깔 무지개처럼 펼쳐지던 감정들이 어느 날은 온통 회색빛으로 뒤덮일 때가 있다.

감정이란 '어떤 현상이나 일에 대해 일어나는 마음이나 느끼는 기분'을 뜻한다. 마치 개성 강한 연예인처럼 자신의 감정을 직설적으로 표현하는 사람이 있는가 하면, 반대로 자신의 감정에 대해 무감각한 사람들도 있다.

특히 한 가지를 하더라도 신중하게 반응하는 예민한 사람들의 감정을 보면 24색 크레파스처럼 다채로운 빛깔을 띄고 있다는 생각이 들 때가 있다. 비슷비슷한 색깔이 마치 알듯 말듯 표정만으론 도저히 알 수 없는 사람의 심리같이 느껴지기 때문이다.

또한 자신의 감정을 지나치게 통제하고 억누르는 사람들이 있다. 물론 한순간의 감정을 참지 못하고 폭발하는 사람들도 많은데 결코 좋은 행동은 아니다.

감정을 주체하지 못하고 내뱉은 말이나 행동은 반드시 후회를 불러오기 마련이다. 하지만 그렇다고 해서 자신의 감정을 숨기거나 억누르기만 하는 것은 더욱 위험한 일이다.

지나친 감정의 절제는 우울증이나 충동조절장애와 같은 정신적인 문제를 일으킬 수도 있다. 특히 분노, 원망과 같은 감정을 드러내지 못하고 억압하는 사람들은 그렇지 않은 이들에 비해 암 발병률이 높다는 연구 결과도 나오고 있다. 적절하게 감정을 드러내고 표현하는 것은 타인과 더 나아가 세상과 소통하는 첫걸음이다.

감정을 꺼내는 연습

나는 감정을 내보이지 않았었다. 싫은 내색 한번 싫은 소리 한번 안하고 형제끼리도 싸워본 기억이 없다. 남들 이야기를 들어보면 언니오빠나 동생과 많이 싸웠다는데 우리는 싸움을 했던 기억이 없다. 아마도 헤어져 있던 기억들 때문인지도 모르겠지만 함께 있으면서 서로 할퀼 일은 없었던 것 같다.

감정을 드러내지 않으면 상대방은 내 마음을 잘 모른다. 무슨 생각을 하고 있는지, 같은 생각을 하는 게 맞는지 헷갈릴 때가 분명 있다.

난 학교에서도 손 한번 들지 않았었다. 아마 워낙 말을 안 하던 터라 내가 있는지 없는지조차 몰랐을 정도였다. 이상하게 말하기가 싫고 친구들과 어울리는 것도 싫고 그저 혼자 있는 시간들이 좋았던 것 같다. 그러다보니 내 책상에는 온통 낙서투성이었다. 혼잣말을 책상에 하고 있었다. 그리고 뭔가 떠올라서 좀더 긴 글을 쓰고 싶을 때면 어김없이 예쁜 노트 한 권을 꺼냈다. 왠지 아무데나 쓰면 글도 쓰기가 싫어졌다. 그래서 항상 예쁜 노트를 구입해서 쓰고는 했다. 이건 어렸을 때부터 나의 작은 습관이기도 했다.

감정을 숨기면 면역 체계와 호르몬 분비에 이상을 일으켜 몸에 나쁜 영향을 준다고 한다.

몇 해 전 서울시에서 발표한 〈서울 100세인 연구〉에 따르면 90세 이상 노인 88명 중 남성 72%, 여성 51.6%가 "평소에 감정표현을 잘

한다"고 답한 바 있다. 장수에 도움이 된다는 것을 반증하는 연구 결과였다고 한다. 부정적인 감정을 표현하는 게 서툰 사람들은 이유 없이 두통이나 근육통, 소화불량 같은 문제가 생기는 신체화 증상이 심해진다고 한다. 전남대 간호교육학 연구팀에서는 소화불량, 설사, 변비 같은 소화기계 증상이 있는 그룹은 감정표현 불능 점수가 그런 증상이 없는 그룹에 비해 높다는 연구 결과를 내놨다. 감정표현 능력이 좋을수록 소화기계 증상도 덜하다는 뜻이다.

건강하게 오래 살고 싶으면 자신의 감정을 적절한 방식으로 솔직하게 표현하는 방법을 익힐 필요가 있다. 그래야 스트레스가 쌓이지 않고 건강 효과를 누릴 수 있기 때문이다. 감정을 억제하면 나중에는 표현하려 해도 할 수 없는 '감정표현 불능증'에 걸릴 수도 있다고 한다. 감정표현에 약하거나 창피함을 느끼는 사람들은 어떤 식으로든 표현을 해야 한다. 간단하게 말로 "그래도 좋네" "이건 정말 싫은데"라며 이렇게 짧은 단어만으로도 억제된 감정을 해소하는 데 도움이 된다고 한다.

드라마를 보면 혼자 극장에 가서 슬픈 영화를 보고 우는 사람들을 보게 되는데, 이것 또한 간접적인 감정을 표현하는 데 큰 도움이 된다. 화가 날 때는 소리를 한 번만 질러도 분노가 가라앉은 효과가 나타난다고 하지만, 난 등산을 통해 많이 발산한다.

서투른 감정 표현하기

전 영국 왕세자비 다이애나Diana가 불행한 교통사고로 세상을 떠났을 때 온 영국인이 울면서 슬픔에 잠겼었다. 그 사건 이후 한동안 영국에서는 심리상담원을 찾는 사람들이 대폭 줄어들었다고 한다. 다이애나의 일로 슬퍼하고 눈물을 흘리는 동안 자신 안에 있던 많은 정신적이고 심리적인 문제들이 풀려버린 것이다. 이를 가리켜서 영국에서는 '다이애나 효과Diana effect'라고 말한다.

영국에 다이애나 사건이 있다면 우리나라에는 전 국민을 울렸던 세월호 사건이 있다. 2014년 4월 16일 인천에서 제주로 향하던 여객선 세월호가 진도 인근 해상에서 침몰하면서 승객 300여 명이 사망, 실종된 대형 참사 사건이었다. 결국 세월호가 침몰한 지 1,311일째 5명의 미수습자를 가슴에 묻고 장례를 올렸다.

우리 가슴속에 안타깝게 자리하고 있는 세월호 사건으로 사고 당시 많은 사람이 함께 울었다. 하루하루 발견되는 희생자의 수가 연일 보도되면서 보는 사람들의 마음을 더 아프게 만들었던 사건이다.

나도 이때 많이 울었던 것 같다. 사고 나기 딱 일주일 전에 딸아이가 수학여행을 갔었는데 다녀온 후 그 사건이 터졌고 '내 아이가 저 속에 있었다면' 하는 생각이 계속 들어 마음이 더 아팠던 기억이 난다. 그래서인지 건강하게 옆에 있어줬던 아이들에게 얼마나 더 사랑스럽고 감사했는지 모르겠다. 그때 정말 다이애나 효과를 느낀 것 같다. 순간순간 나오는 눈물 속에 함께 빠져나갔던 내 감정의 찌꺼기들이 분명 있었던 것 같다.

감정을 제대로 표현하지 못하면 병이 생긴다. 짧은 말로 표현하거나 산에 올라 소리를 지르든 노래방에 가서 실컷 노래를 부르는 것도 좋은 방법이다. 요즘은 악기를 다루거나 난타를 즐기는 사람도 많다고 한다. 그리고 몸으로 감정 표현을 하는 운동도 좋은 방법이다. 수영이나 걷기, 헬스 등 땀을 흘리는 것도 몸에 좋은 영향력을 미친다. 그러나 가장 좋은 방법은 직접적으로 감정을 드러내는 것이다.

감정을 표현하는 게 서투르다면 그 감정을 쓰면 된다. 전하지 못하는 말은 편지를 쓰면 된다. 글을 쓰는 것만으로도 감정을 표현할 수 있다. 오히려 글로 표현하면 말하는 것보다 더 정확한 자기감정을 표현할 수 있게 된다. 자기가 하고 싶은 말들을 쓰다 보면 어느 순간 답답했던 가슴이 뻥 뚫리는 것을 느끼게 될 것이다.

자꾸 쓰면서 상대방에게 말하는 자기 자신을 상상해보라. 그러면 분명 누군가에게 말하는 효과가 있다. 제발 마음속에 담아두고 마음을 녹슬게 하지 말아라.

상처받은 내면아이를
지긋이 바라보기

내안에 상처받은 내면아이를 바라보고 이해하고 안아줌으로써
과거와 두려움에서 벗어나라.

아이는 부모가 자식을 돌보았던 방식으로 자신을 돌보게 된다고 한다. 부모가 나를 어떤 식으로 대하고 어떤 말을 하는지 나는 부모에게 어떤 존재인지 부모의 행동과 말에 의해 결정지어진다. 내면아이란 상처받은 자아인데 어릴 적 받은 상처와 기억들이 그 상태로 머물러 버리고, 그 안에서 계속 질문을 던지는 데 아무도 답을 해주지 않는 상태를 말한다. 내면아이는 누구나 있다. 그러나 상처받은 내면아이는 성장하는 자신을 할퀴기 시작한다. 같이 가고 싶은데 누구도 꺼내주지 않으니 내가 나의 발목을 붙잡고 있는 것이나 마찬가지인 것이다.

내 안에 또 다른 내가 있다

상처받은 내면아이는 성인이 되어서도 어떤 특성으로 나타나는지 미국의 영화감독 존 브레드쇼John Bradshaw는 다음과 같이 주장한다.

첫 번째는 혼자라는 느낌이 강하다. 어린 시절 거절당하고 혼자라는 우울과 무기력은 대인관계에서도 무시당한다고 생각하며 피해의식이 나오며 열등감에 사로잡힌다.

두 번째는 의존성이 강한 융합으로 나타난다. 자아정체성 상실로 자신의 행복을 찾기 위해 외부에 있는 것들에 전적으로 의존하며 자신의 감정이나 욕구, 바람 등을 포기하면서까지 상대방에게 맞추려고 한다.

세 번째는 공격적 행동으로 겉으로는 조용하고 착했던 사람이 어느 순간 폭발적으로 돌변하는 경우다.

네 번째는 자기애성 성격장애로 나타난다. 성장초기의 무조건적 사랑과 있는 그대로 반영해주는 '충분히 좋은 엄마' 역할의 결핍으로 필요가 제대로 채워지지 않으면 자존감에 심각한 상처를 받는다. 이런 사람들은 자기중심적이며 만족할 줄 모르는 탐욕으로 인해 대인관계에서 실망과 좌절을 반복한다.

다섯 번째는 깊은 신뢰감의 부재로 인한 문제다. 영아기에 대상에 대한 안정적인 애착형성은 신뢰감 형성으로 나타난다. 그러나 애착형성의 실패는 신뢰형성이 되지 않아 깊은 불신의 뿌리를 안은 채 성장하게 된다. 아이는 다른 사람들이 자신에게 접근하지 못하도록 높은 장벽을 쌓고 스스로를 외롭게 고립시킨다.

여섯 번째는 친밀감장애로 가족들과도 친밀한 관계형성이 어렵고 심리적인 접촉과 연결이 어려운 사람이다. 성장시 부모가 아이의 감정이나 욕구, 바람이 무엇인지 알아주지 않으면 아이의 진정한 자아는 거부되고 거짓자아가 만들어진다. 진정한 자기 인식이 없으므로 관계 속에서 친밀함을 경험하지 못한다. 혼자 버려질 것이 두려워 스스로 고립시키거나 학대적인 집단을 떠나지 못한다.

일곱 번째는 무질서한 행동이다. 성장시 부모가 규범과 질서, 훈육을 통한 통제와 반복적인 훈련은 필수적이나 부모가 제대로 된 통제를 못하고 방치하면 자녀는 규범이나 질서를 만들 수 없다. 아버지의 역할이 바로 규율과 질서를 세우는 역할이다. 성장시 아버지의 부재는 때론 초자아를 형성하는 데에 어려움으로 나타나기도 한다.

여덟 번째는 중독적·강박적 행동이다. 성인이 되어서도 중독적인 행동들의 주원인들은 어린 시절 상처받은 내면아이로 자신의 기분을 쉽게 바꾸기 위해 알코올, 마약, 음식, 감정 중독, 물건 중독 등을 활용한다. 중독적 활동으로는 일, 쇼핑, 도박, 섹스, 지나친 종교 의식 등이 해당된다.

나는 이 중에서 혼자라는 강박관념이 무척 강했다. 학교에서 친구와 있어도 혼자라는 느낌이 강했고 결혼을 해서도 결국은 혼자라는 결론을 내리고는 했었다. 언제든지 헤어질 수 있는 사람 같았고 언제

든지 혼자 남을 수 있다는 생각이 나를 지배했었다. 그래서 더 깊은
정을 못 줬는지도 모르겠다.

인정하고 이해하고 안아주기

내 안에도 분명 내면아이가 있다. 내가 그것을 깨닫게 된 것은 아빠
를 통해서였다. 아빠의 모습 속에서 작은 아이가 보였을 때 나에게
도 내면아이가 있다는 것을 깨닫게 되었다. 보이지 않는 아이, 그러
나 항상 나의 따뜻한 손길을 기다리는 아이였다. 알면서도 외면했는
지도 모르겠다. 그저 성장하면서 사라질 줄 알았기에 살면서 그 어떤
죄책감도 없었다.

　내가 이 아이를 달래는 방법은 늦은 밤 기도하면서 온전히 꺼내어
안아주는 것이었다. 그리고 상처 입은 기억을 하나씩 글을 통해 지워
나가는 일이었다. 수많은 상처가 글을 통해 세상 밖으로 나오게 되고
그 순간 그 상처들은 더 이상 상처가 되지 않는다.

　나로 인해 또 다른 내면아이를 만들지 말아라. 내가 안아주고 사랑
했듯이 우리 아이들이나 다른 사람에게 상처 주는 행동은 하지 말기
를 권한다.

　내면아이를 치유하려면 먼저 어린 시절의 상처받은 내면아이를 만
나는 것이 우선이다. 그리고 그 아이를 위로하고 안아주는 단계가 필

요하며, 마지막으로는 그 아이가 필요로 했던 욕구를 파악하고 그 부분을 채워주는 단계다.

'상처받은 내면아이 만나기'는 어린 시절의 아이가 상처받은 사건과 사람들을 이미지로 떠올리게 하고 그 상황 속에서 느꼈을 아이의 억눌린 감정 상태(분노, 연민, 후회, 자책감, 절망, 슬픔, 외로움 등)를 다시 경험할 수 있도록 깊은 몰입상태를 만들어 주는 것이다. 생각나는 모든 것을 글로 꺼내면 된다. 그리고 억눌린 그 감정들을 하나씩 풀어주면 되는 것이다.

내면아이가 혼자가 아님을 느끼도록 성인이 된 지금의 '나'와의 깊은 만남을 통해 서로가 친밀감과 신뢰감을 회복하고 자신의 내면아이를 있는 그대로 수용할 수 있도록 해야 한다. 상처받은 억눌린 감정뿐만 아니라 깊이 숨어있는 내면아이의 핵심 감정까지 만나야 한다.

내면아이의 핵심 감정과 만나는 것은 결코 쉬운 일이 아니다. 그러나 글을 통해 꺼내다 보면 숨어있던 내면아이가 나오기 시작한다. 과거와 현재를 연결하는 작업이자 상처받은 마음의 근원을 찾고 그 마음을 있는 그대로 수용하고 지지해주는 작업이다. 이 단계는 그 자체로 대단한 능력과 힘이 있다.

내면아이는 과거의 상처일 수도 있고 피하고 싶었던 기억일지도 모른다. 상처받은 내면아이의 사고는 극단적이고 절대적인 사고로 합리적이지 못하다. 감정과 사고를 어떻게 구분하는지 알지 못하기에 고통을 피하기 위해서는 생각을 이용하며 마음과 머리를 따로 구분

한다. 어떤 상황에서도 실제 사실이 아닌 가정을 바탕으로 두려움을 불러 일으켜 자신을 불안과 두려움으로 몰고 간다.

이제는 과거의 상처에 얽매여 있는 자신을 인정하고 이해하고 안아주기 바란다. 내 안에 있는 내면아이를 지긋이 바라보자. 지쳐서 내 몸에 상처를 내기 전에 스스로 돌아봐주고 먼저 안아주기 바란다. 다시 일어설 힘을 줄 수 있는 건 그 누구도 아닌 나 자신이다. 수많은 상처 속에서도 가장 중요한 것은 바로 '나' 자신인 것이다.

이제부터라도 자신을 향한 사랑을 드러내고 표현하기 바란다. 글을 통해 다 꺼내놓고 하나씩 지워가기 바란다. 어느새 사라질 것이다. 이제는 끌려 다니지 말고 뒤돌아보지 말아라.

살기 위해
글을 써본 적이 있는가?

살아갈 용기가 없을 때 글을 통해 그 힘을 얻을 수 있다.
마음을 보이는 건 살고 싶다는 표현이다.

엄마의 꿈은 작고 고요했다. 딸 두 명이 다 크면 시골집에 책을 가득
들여놓고 읽으며 책 한 권을 세상에 남기는 것. 시집 한 권을 펴내면
서 꿈의 절반은 이뤄졌다. 하지만 그 자리에 들어찬 것은 기쁨도 뿌듯
함도 아니다. 두려움이고 죄책감이다.

이는 세월호 희생자 이혜경 양의 어머니 유인애 씨 이야기다. 여기
없는 딸에게 닿으려는 안간힘, 하지만 닿지 못하는 고통이 64편의 시
에 담겼다. 유인애 씨는 2014년 4월 18일 새벽, 생존자 명단에 있다
가 사망자 명단으로 옮겨진 경기 안산 단원고 2학년 2반 이혜경 양의

엄마다. 참사 이후 희생자들을 기리는 시집, 산문집, 소설 등을 활발히 펴냈으나 유족이 문학적 형식으로 발화한 것은 처음이라고 한다.

"나는 문학은 잘 몰라요. 여느 시인, 소설가분들이라면 문장의 깊이나 아름다움을 고민하며 쓰셨겠죠. 저는 그저 아이를 기리는 마음으로 썼어요. 한 글자 쓸 때마다 혜경이를 다시 한 번 기억하게 되고 사랑하게 되니까요. 아이를 오롯이 만날 수 있는 순간은 글을 쓰는 순간밖에 없는 것 같더라고요."

20년 넘게 집안 살림과 육아, 직장 생활을 이어 온 혜경 양 엄마가 시를 쓴 건 세월호 참사 수개월 뒤였다. '차라리 아이 곁으로 갔으면' 하는 절망으로 불면의 밤을 보내던 그녀는 여동생의 권유로 글을 쓰기 시작했고, 그 글은 시가 되어 그녀를 지탱해주는 힘이 되었다.

평일에는 안산 반월공단의 한 공장 사무직으로, 주말에는 한국마사회 판매직 아르바이트로 주말도 없는 워킹맘(사회 활동과 가정을 병행하는 여성)인 그녀는 가족들이 모두 자는 밤이면 혜경 양의 방으로 들어가 밤 11시부터 새벽 1~2시까지 한 줄이라도 썼다고 한다. 그렇게 지난 3년간 120여 편의 시가 쓰인 것이다.

쓰면서 아이 생각에 울고, 울고 나면 마음이 가라앉지만 돌아서면 늘 그 자리였다는 유인애 씨는 그렇게 글을 쓰고 있었다. 아이를 만나기 위해, 그리고 아이를 부르기 위해서 말이다. 수십 편의 글을 쓰며 그는 얼마나 많은 시간 혜경 양을 불렀을까?

마음을 보이는 건 살고 싶다는 표현

50여 년을 여배우로 살아온 배우 손숙 씨는 가슴 아픈 사람들의 사연을 만나며 함께 공감하고 대화하는 방송인이다. 그녀는 마음속에 '임금님 귀는 당나귀 귀'라고 외칠 수 있는 갈대숲 하나쯤은 마련해두고 있어야 한다고 말한다.

감정을 발산하는 방법으로는 친구나 가족, 동료 등 친밀하고 교감을 나눌 수 있는 누군가를 찾아서 이야기를 하라고 권한다. 주변에 친구가 없다면 상담센터에 전화라도 좋으니 이야기하는 것이 중요하다고 강조한다.

또한 그녀는 주변에서도 누군가의 이야기에 귀를 기울여 줄 것을 당부한다. 특히 가족이 아내, 엄마의 이야기에 귀를 기울여 주는 것이 중요하다. 마음이 힘겨운 사람들의 이야기를 들어주는 것만으로도 큰 위로가 된다.

그녀는 옛날에 라디오 진행을 하다가 사연으로 유서를 받은 적이 있었다고 했다. IMF시절이었는데 갑작스럽게 사업이 무너졌다는 사연의 주인공은 너무 힘들어서 살 수 없다는 말과 함께 마지막 편지라며 가족들에게 이런저런 말을 전했다고 한다. 그냥 장난편지일 수도 있다고 생각하고 넘어가려 했지만, 너무 절절한 것이 아무래도 이상해서 방송중 30분간은 그 편지의 주인공에게 할애했고 위로의 말도 하다가 울기도 했다고 한다.

그 이후 꽤 오랜 시간이 지나 공연 때문에 지방에 내려갔는데, 그곳에 몇 년 전에 유서를 사연으로 보낸 사람이 찾아왔다고 한다. 누군가가 자신의 이야기에 귀 기울이고 울어준 게 큰 위로가 되었다고 덕분에 용기를 얻어 다시 살 생각을 했다고 한다. 지금은 잘 살아간다고 고맙다고 말이다. 또 한 번 눈물이 났다는 그녀. 사람의 작은 관심 하나가 다른 사람을 살릴 수 있다는 걸 배웠다고 했다. 살기 위해 글을 썼던 것이다. 그리고 결국 그는 살게 되었다.

나 또한 라디오에 편지를 많이 보냈었다. 그 당시에는 핸드폰이나 인터넷의 발달이 활발하지 않던 시절이라 일일이 손편지를 써서 편지를 붙였었다. 그리고 편지를 보냈다는 것도 잊은 채 업무에 열중하다 보면 왠지 낯설지 않은 내용이 라디오 DJ의 목소리를 타고 흘러나왔다.

그때의 감동은 이루 말할 수가 없다. 물론 좋은 일이 있어 써지는 글이 있는가 하면 아무것도 할 수 없을 때, 어쩌면 끔찍한 상황에서도 마음을 꺼내게 되는 게 글쓰기가 아닌가 싶다.

살기 위해 글을 쓰다

혼자일 때보다 더 외롭고 힘들었던 시간들, 새로운 사람을 만나 새로운 가정을 꾸리고 시아버지를 모시고 아이들을 키우며 직장일까지

하다 보니 내가 몰랐던 나의 성질이 움직이기 시작했다. 그저 모든 걸 내려놓고 싶은 생각이 날마다 들기 시작했고, 단 하루만이라도 이 생활에서 벗어나고 싶은 생각이 들었다.

그러던 어느 날 내 모든 감정이 폭발하는 순간이 왔었다. 손에 닿는 것은 다 부서지고 깨지기 시작했다. 결국 화산처럼 폭발한 나는 집을 나갔고 남편은 안절부절못한 채 문자만 계속 보내기 시작했다.

나가면 괜찮을 줄 알았었는데 어쩔 수 없이 나는 엄마였다. 아이들이 눈에 밟혀 아무것도 할 수 없었다. 그때 엄마는 어땠을까, 우리를 뒤로하고 갔던 엄마는 얼마나 힘들었을까. 막상 집을 나서니 갈 수 있는 곳이 없었다.

올해 고등학교에 입학한 사랑하는 딸 하영이와 함께 운동을 하며 그동안 언제가 제일 힘들었는지, 또 최근에 힘든 일은 없냐고 물어본 적이 있었다. 딸은 그때 나의 질문에 "엄마가 집나갔을 때"라고 답했다. 순간 너무 놀랐다. 그때 일을 기억하고 있었다니….

딸아이의 눈을 보자 금세 눈가가 촉촉해져 있다. 아무 말 없이 딸아이를 안아줬다. 아이들에게 만큼은 나에게 있는 상처를 절대 대물려주지 말아야지 했었는데, 어느새 딸아이에게 상처를 줬었다는 게 너무 미안했다.

그래서 난 딸에게 편지를 더 자주 쓴다. 작은 메모를 이용해 노트나 책이나 자주 보는 전신거울에 붙여놓고는 한다. 그 무섭고 두려웠을 마음을 그렇게라도 채워주고 싶기 때문이다.

이제는 잘 살기 위해 글을 쓴다. 죽고 싶어도 죽지 못해 쓰던 글이 있었다면 지금은 내가 살기 위해 글을 쓰고 있다. 나를 매 순간마다 위로해주고 회복시켜주던 글쓰기, 눈물 떨구게 했던 글쓰기를 통해 나는 다시금 살아갈 힘을 얻어내고 있다.

당신도 더 이상 힘들어하지 말고 글을 통해 살아야 할 이유를 찾아보기 바란다. 분명 찾을 수 있을 것이다. 도리어 삶이 나에게 물을 것이다.

"당신은 살기 위해 글을 써본 적이 있는가."

나만의 글쓰기 방법을
만들어라

짧은 글이라도 매일 쓰다 보면 나만의 글쓰기 습관과 방법이 만들어진다.
나만의 글쓰기 방법을 통해 나의 스타일을 만들어라.

지난 20년간 하버드 글쓰기 프로그램을 이끌어온 하버드대 교육대학원 교수 낸시 소머스Nancy Sommers는 "대학 지식인은 글쓰기로 완성된다"며, 한국 대학에서 글쓰기 교육을 강화해야 한다고 말했다. 그는 "강의를 듣고 시험을 잘 쳐서 대학을 졸업할 수도 있지만 그런 사람은 평생 '학생, 관찰자' 위치를 벗어날 수 없다"면서 "졸업 후 자기 분야에서 진정한 프로가 되려면 글쓰기 능력을 길러야 한다"고 말했다.

소머스 교수는 하버드 학생 422명을 대상으로 글쓰기 교육이 대학교 공부에 미치는 영향을 추적 조사한 연구로 유명하다. 그의 연구에 따르면 글쓰기 교육을 받은 신입생 73%가 "수업에서 자신의 생각을 잘 표현할 수 있게 되었다"고 했고, 66%는 "전공과목에 관심을 갖게 되었다"고 답했다. 실제 하버드에서는 1977년 이후 사회에 진출한 40대 졸업생 1,600명을 대상으로 '현재 직장에서 가장 중요한 능력은 무엇인가'라고 물었는데 90% 이상이 '글쓰기'라고 답변했다.

소머스 교수는 "시험만 잘 보는 학생은 '정해진 답'을 찾는 데 급급하지만 글을 잘 써야 '새로운 문제'를 찾아낼 수 있다"고 말했다. 그는 "공대생이든 사회대생이든 글로 논리적인 주장을 펼 줄 알아야 논문도 쓰고 연구 결과를 인정받을 수 있다"면서 "하버드뿐 아니라 대학 교육의 근간은 글쓰기가 되어야 한다"고 말했다. 모든 대학 교육은 기본적으로 글을 통해 아이디어를 주고받는 방식으로 이뤄지며, 이를 장려하기 위해 하버드는 전공과 관계없이 글쓰기 교육을 강조한다는 것이다.

그는 "처음에는 고교생 수준이었던 1학년의 글쓰기 실력이 리포트를 평균 12~16편 내면서 학기 말쯤에는 '학술인' 수준으로 향상된다"고 했다. 글쓰기는 생각하고 궁리하는 사고력과도 관련이 있다. 상대방의 글을 보고 평가할 수 있게 되고 내가 쓴 글에 대해서도 객관적으로 바라볼 수 있게 되는 것이다.

매일 쓰는 습관 만들기

소머스 교수가 제시한 글쓰기 비법 가운데 한 가지는 "짧은 글이라도 매일 써보라"는 것이다. 하루 10분이라도 매일 글을 써야 비로소 '생각'을 하게 된다. 어릴 때부터 짧게라도 꾸준한 읽기와 쓰기를 해온 학생이 대학에서도 글을 잘 쓴다는 것이 그의 생각이다.

그렇다. 글쓰기는 꾸준한 습관에서 비롯된다. 꾸준히 글을 쓰다 보면 어느새 써야 되는 글이 아니라 써지는 글이 된다. 나는 글을 쓰기 위해 먼저 좋은 펜을 고른다. 펜도 잘 써지는 펜이 있고 잘 안 써지는 펜이 있다. 힘이 많이 들어가는 펜으로 글을 쓰다 보면 어느새 손이 아파서 금방 펜을 놓게 된다.

펜이 구비가 되었다면 이젠 노트나 수첩이다. 또한 종이 재질이나 색깔에 따라 쓰여지는 질감과 기분이 완전 다르다. 이왕이면 컬러풀한 표지색이 기분까지 좋아지게 만드는 에너지가 있다. 색감에 따라 기분도 좌우된다. 종이 재질은 부드럽고 밝은 색이 좋으며 백지 상태보다는 줄이 그어져 있는 노트가 훨씬 글을 쓰기가 편하다. 줄이 그어져 있다면 간격이 좁은 것보다는 어느 정도 널찍하게 인쇄되어져 있는 노트가 훨씬 글쓰기에도 수월하다. 이제 글을 쓰기 위한 준비가 끝났다. 이제는 쓰기만 하면 되는데 막상 쓰려고 하면 무엇부터 써야 되나 생각하게 된다.

영국의 화가 프란시스 베이컨Francis Bacon은 이렇게 말했다. "나오는 생각을 적어라. 짜내지 않은 생각들이 가장 가치 있다." 내 안에 잠재되어 있는 생각을 적으면 된다. 내가 경험한 것과 오늘 하루 있었던 일, 행동했던 그대로를 쓰면 된다.

쓰려고 하면 꺼내지게 되어 있다. 또한 시간이 있을 때 쓰려고 하지 말고 시간을 내서 써야 한다. 쓸 시간이 없다는 사람이 있다. 그러나 이 말은 쓰려는 마음이 없다는 것과도 같다.

나도 처음에는 글을 쓸 시간이 없던 사람 중에 하나였다. 직장에서 돌아오면 하루의 피곤이 엄습해 오고 누군가 내 어깨에 올라타 있는 듯 온몸은 천근이었다. 그래도 몇 자 적어보고자 펜을 들면 쏟아지는 잠 때문에 더 이상 아무것도 할 수 없게 된다. 그래서 처음에 글을 쓰고자 할 때는 무조건 생각날 때마다 써야 한다. 쓰고자 하면 결국 못쓰게 되는 경우가 많기 때문이다. 내가 펜과 수첩을 꼭 가지고 다니는 이유다.

언제 어떻게 무슨 생각이 내 손을 빌릴지 알 수 없기 때문이다. 당신도 분명 문득 어딘가를 지나갈 때 누군가를 보았을 때 어떤 생각이 스쳐 지나갔던 기억이 있을 것이다. 그 생각을 잡는 것이 글쓰기의 참맛이다.

기가 막힌 생각이나 문장이 떠오를 때 생각만으로 지나친다면 그 생각은 영원히 당신과 멀어지게 된다. 그러나 그 생각을 글로 옮겨 놓는다면 기가 막힌 글쓰기 재료가 되는 것이다.

쓰는 것이 어렵다면 유명한 명언이나 사자성어 같은 글귀의 문장들을 자꾸 써보는 것부터 하면 좋다. 쓰다 보면 명언이나 사자성어에 대해 생각하게 되고 그 생각이 글로 풀어지는 경우가 생긴다. 그리고 책을 읽으면 반드시 나를 움직이는 문장들이 있기 마련이다. 문장들을 그대로 내 수첩에 옮겨 적는 행위 또한 글을 쓰는 데 있어 중요한 역할을 하게 된다.

있는 그대로 보이는 그대로 쓰기

나는 요즘 책 속의 한 줄을 뽑아 간단하게나마 나의 생각을 쓰고 마음을 꺼낸다. 한 줄을 보고 한 줄을 쓰는 습관만으로도 많은 생각을 하게 되고 충분히 나를 세워갈 수 있다. 자신의 생각 한 줄을 통해 나만의 글쓰기가 나오게 된다. 이러한 습관이 들기 시작했다면 이제는 모두가 잠든 밤에 조용한 시간을 나만의 시간으로 만들면 된다.

잠들기 전 늦은 저녁시간은 피곤할 수 있지만 나를 돌아보는 시간이 될 것이다. 활동성이 강한 낮보다 밤이라는 시간은 사람마음을 약하게 만들고 빠져들게 만드는 마력 같은 힘이 작용한다. 내 마음을 꺼내기 가장 좋은 시간인 것이다.

무엇보다 글을 쓰는 데 있어 가장 좋은 재료는 나의 경험이다. 내가 살아낸 인생 말이다. 나한테서 나오는 글쓰기야말로 최고의 글이 될 것이다.

"어떻게 하면 언니처럼 상품 당첨될 수 있어? 도대체 어떻게 쓰는 거야? 방법이 뭐야?"

라디오방송을 통해 사연을 보내고 선물을 받는 나를 보며 동생은 가끔 이런 질문을 할 때가 있다. 그럴 때면 나는 이렇게 말한다.

"있는 그대로, 진심으로 쓰면 돼!"

글쓰기에 방법이란 게 있을까? 사람마다 생긴 것이 다르고 성격이 다르듯이 글을 쓰는 방법 또한 다를 것이다. 그러나 글은 방법을 떠나 누가 뭐래도 진심으로 써야 한다. 내 안에 있는 것을 꾸밈없이 있는 그대로 써야 상대방에게 그 진심이 그대로 전달된다.

내가 쓰는 글은 반드시 내 것이어야 한다. 나만의 글쓰기 습관을 만들어 그 곳에 내 진심을 담아보기 바란다. 그러다 보면 어느새 나만의 글쓰기 방법이 되어 나를 쓰고 있을 것이다. 지금 이 순간 나처럼 말이다.

글쓰기는 꾸준한 습관에서 비롯된다.
꾸준히 글을 쓰다 보면 어느새
써야 되는 글이 아니라 써지는 글이 된다.

쓰기만 해도 마음의 상처가 치유될 수 있을까? 있다. 정말 그냥 쓰기만 했는데도 내 안에 있던 상처들이 눈물과 함께 흘러나온다. 쓰면서 울고. 읽으면서 울다 보면 어느새 내 안에 있던 상처들은 희미해져 간다. 글쓰기를 시작으로 공감하고 발견하고 드러내고 표현함으로써 마음의 상처를 치유하고 삶 속에서 글을 통해 행복한 습관을 만들어 갈 수 있다.

3장

정말 그냥 쓰기만 해도
치유된다

시작하기: 읽을 시간이 없으면 쓸 시간도 없다

책 읽을 시간조차 없다면 쓸 시간도 없는 것이다.
읽을 시간을 만들 때 분명 쓸 수 있는 시간도 생길 것이다.

"기록이 기억을 지배한다"는 말이 새삼 떠오른다. 역사적으로 흥한 민족은 전부 기록에 능한 민족이었다. 반대로 기록을 게을리했던 민족은 역사 속으로 사라지고 말았다. 사극을 보면 수많은 기록이 불타서 없어지는 경우를 볼 때가 있다. 많은 사람이 한 자 한 자 써내려갔던 그 글들을 책으로 엮고, 그 책은 다시금 후대에 많은 사람에게 읽혀져 왔다. 이렇게 쓰는 것과 읽는 것은 떼려야 뗄 수 없는 관계인 것이다.

누군가는 글을 쓰고 누군가는 그 글을 읽게 된다. 모든 책에는 교훈이 있다. 좋은 책은 문체, 구성 등이 뛰어나며 저자만의 자존감과 노하우도 들어 있다. 읽는 것만으로도 저자의 생각을 이해하고 그 사람의 사상 또한 닮아가는 경우가 있다. 한 구절에 마음이 흔들리거나 위로를 받을 수도 있고, 읽은 글을 통해 쉽고 더 친밀한 글을 쓰는 데 분명하게 도움이 될 수가 있는 것이다.

대부분의 사람은 이렇게 말한다. "작가가 될 것도 아닌데 꼭 글을 써야 하나요? 바빠서 다른 사람이 쓴 글을 읽을 시간도 없는데 글 쓸 시간이 어디 있어요."

이렇게 말하는 사람들에게 나는 분명하게 말할 수 있다. 작가가 되려고 글을 쓴 게 아니라 글을 쓰다 보니 작가가 되었다고 말이다. 그저 내 삶을 항상 이 모양 저 모양으로 쓰다 보니 어느새 작가라는 타이틀이 붙어 있게 되었다.

열정이 끈기를 이끌어낸다

곤충학자의 대명사인 『곤충기 Souvenirs Entomologiques』의 저자 장 앙리 파브르 Jean Henri Fabre가 있다. 우리나라에서는 그의 이름이 '앙리 파브르'라고 일반적으로 알려져 있는데 사실은 '장 앙리 파브르'라고 해야 맞는다.

우리나라에서 파브르의 『곤충기』는 누구나 어린 시절에 한 번씩은 읽어보는 필독서로 여겨질 만큼 유명하다. 하지만 대개의 경우 우리가 접한 『곤충기』는 그저 빙산의 일각에 불과하다.

이 책은 파브르가 평생에 걸쳐 수행한 곤충관찰기록을 토대로 1879년부터 1907년까지 무려 28년 동안 10권으로 간행되었으며, 우리나라에서 간행된 두 종류의 완역본만 해도 쪽수가 각각 3천 쪽과 4천 쪽에 달할 정도로 방대하다. 따라서 이 책을 완독한 사람은 아마 많지 않을 것이다.

파브르 평전작가 마루틴 아우어Martin Auer라는 사람은 파브르에 대해 이렇게 이야기한다. "죽은 동물을 수집하고 해부하고 비교하는 것은 파브르의 자연 연구법이 아니었다. 그 일은 파브르 이전에 살았던 다른 연구자들이 이미 다 했으며, 거기서는 배울 것이 그다지 많지 않았다. 파브르의 방법은 동물을 끈기 있게 관찰하고 거기서 관찰한 것을 조심스럽게 기록하는 것으로 때로는 몇 년씩 걸린다. 그는 성급하게 결론을 내리는 실수를 범하지도 않았으며, 예로부터 전해 내려오는 잘못된 지식들을 검토하지도 않고 베껴 쓰는 관행을 따르지도 않았다. 그는 자기가 관찰하고 스스로 검토하고 철저히 생각한 것에 대해서만 말을 하고 글을 썼다"고 말이다.

파브르는 반짝이는 돌멩이에 호기심을 느낀 나머지 주머니에 가득 담아서 집으로 가져갔는데, 부모님은 장차 집안을 이끌 큰아들이 쓸모없는 돌멩이에만 정신이 팔려 있다며 야단을 쳤다고 한다. 파브르는 훗날 곤충 연구를 하면서도 종종 이런 오해와 비난을 들어야 했다.

또 그는 특유의 검정색 모자에 소박한 옷차림으로 종종 길가에 엎드려 곤충을 관찰하는 바람에 주위 사람들로부터 광인 취급을 받았다는 유명한 일화가 전해지기도 한다.

한 가지에 열정을 가지고 자기생각대로 밀고 나가는 것은 참 중요하다. 큰 그릇을 만들려면 시간이 오래 걸리는 법이다. 좋은 그릇을 만들기 위해서 수많은 그릇을 깨뜨리듯이 좋은 글이 나오기 위해서는 많은 시간이 필요하고 많은 책을 읽어야 됨을 부정할 수가 없다. 파브르가 많은 시간을 쏟아 관찰했기에 글이 써졌듯이 우리 또한 살아온 내 인생이 있기에 글을 쓸 수 있는 것이다.

이왕이면 많은 책을 읽으려고 노력했으면 좋겠다. 좋은 글을 쓰기 위해서 말이다. 모든 것이 나의 글쓰기 재료가 되듯이 눈에 띄는 모든 글을 다양하게 읽다 보면 나도 모르게 아주 다양한 정보를 얻게 된다. 그래서 뭔가를 쓸 때 비로소 당신은 더 다양한 재료를 가지고 요리를 할 수 있게 된다. 생각이 있어서 쓰는 것이 아니라 쓰기 때문에 생각하게 된다. 그러니 고민하지 말고 지금 당장 그 무엇이라도 그냥 쓰기 바란다.

쓰다 보면 저절로 새로운 자신을 발견하게 되고 자신의 존재감을 확인하게 될 것이다. 또 내 안에 있는 힘이 무엇인지 알게 되는 것, 그것이 바로 글쓰기의 힘이다.

읽을수록 쓸 거리도 많아진다

『태백산맥』의 저자 조정래 작가는 어떻게 하면 글을 잘 쓸 수 있느냐는 독자의 질문에 "돌은 단 두 개. 뒤에 있는 돌을 앞으로 옮겨 놓아가며 스스로, 혼자의 힘으로 강을 건너야 한다. 그게 문학의 징검다리다."

그러면서 덧붙이기를 많이 읽고(多讀: 다독), 많이 쓰고(多作: 다작), 많이 생각하는 것(多商量: 다상량)만큼 좋은 방법은 없다고 말했다. 여기서 조건은 반드시 자신의 결연한 의지를 바탕으로 해야 한다는 것이다. 이 말은 곧 혼자 있는 시간을 철저히 확보해 자신의 의지대로 읽고, 쓰고, 생각하라는 뜻이다.

미국의 미래학자 엘빈 토플러Alvin Toffler는 3부작(미래쇼크, 제3의 물결, 권력이동)을 쓰기 위해 각각 359권, 534권, 580권의 책을 참고했다고 한다. 러시아를 대표하는 작가겸 사상가인 톨스토이Tolstoy는 그의 소설『전쟁과 평화War and Peace』를 쓰기 위해 모은 참고 자료가 작은 도서관 하나의 분량이었다고 하고, 일본의 저널리스트로 유명한 다치바나 다카시たちばなたかし는 한 권의 책을 쓸 때 보통 500권 정도의 책을 읽는다고 한다.

조선시대 4대왕 세종은 훈민정음 창제의 원동력이었던『구소수간』이란 책을 1,100번 읽었다고 한다. 숨 막히는 권력의 소용돌이 속에서 어린 세종의 숨통을 틔운 건 책이었다. 많은 사례를 읽고 내 것으로 완전히 만들고 흡수하는 것, 이것이야말로 진정으로 책을 좋아하는 사람들의 모습이고 좋은 글을 쓸 수 있는 방법이 아닌가 생각해 본다.

책을 많이 읽으면 읽은 만큼 많은 것을 습득하게 되어 있다. 글을 쓴 작가들이 한 권의 책을 만들기 위해 얼마나 혼신의 노력을 다하는지 나는 안다. 그 에너지를 책을 읽으면서 얻을 수 있다는 건 정말 행운이다. 읽다 보면 당연히 책에 대한 내용이나 느낀 감정들, 변화된 심경들이 나의 마음을 움직인다. 그럴 때마다 꼭 글로 써놓는 것이다.

글은 이렇게 따뜻한 감성과 감정을 전달할 수 있는 매개체다. 말로 전할 수 없는 마음을 전할 수 있는 것이 글이다. 읽을 시간이 없다면 쓸 시간도 분명 없을 것이다. 그러나 글을 쓸 시간을 발견해내는 방법은 자신의 삶에서 스스로 시간을 만들어내는 것뿐이다. 내가 바쁜 삶 가운데 글을 쓰고 있듯이 피곤한 하루의 일상을 접고 글을 쓰고 있듯이 시간은 만들면 되는 것이다. 그 시간을 만드는 건 내 마음이며 내 의지다.

내 마음이 글을 쓰고자 움직이면 내 손도 따라서 움직이게 되어 있다. 누군가를 위해 따뜻한 글을 써 본적이 있는가? 당신을 위해 그리고 누군가를 위해 따뜻한 글을 써보기 바란다.

공감하기: 나만의
마음노트를 만들어라

마음속에 있는 생각과 계획을 마음노트를 통해 세분화시켜라.
그것이 나를 정리하고 계획하는 성공의 지름길이 될 것이다.

지금은 고인이 된 애플의 창업자 스티브 잡스Steve Jobs가 스탠퍼드 졸
업식 축사로 이런 이야기를 했다. "Keep looking, Don't settle. If you
haven't found it yet, keep looking. Don't settle. As with all matters
of the heart, you'll know when you find it(아직 당신이 사랑하는 일을
찾지 못했다면 계속 찾으세요. 안주하지 마세요. 모든 마음과 관련된 일들이 그렇듯
찾고 난 뒤에야 그것이었다는 것을 알게 될 것입니다)."

　　고故 스티브 잡스의 축사를 읽어보며 내 마음에는 과연 무엇이 있
는지 찾아보게 되었다. 사람들은 자신이 가장 많이 생각하고 있는 것

을 말이나 행동으로 표현한다. 사랑하고 있다면 사랑하는 사람에 대해서 가장 많은 말을 하고, 실연을 당했다면 우울한 감정이나 상대방에 대한 분노나 그리움을 많이 표출한다. 그리고 직장을 찾고 있는 사람이라면 취업 이야기나 면접을 보러 다닌 이야기가 주를 이룰 것이며, 새로운 일을 찾았다면 그 일에 적응하면서 힘든 일이나 새롭게 배우는 일에 대한 이야기가 대부분일 것이다.

지금 내 마음에는 어떤 생각들로 꽉 차 있을까? 나는 요즘 어떤 말들을 가장 많이 하고 있을까?

생각해보니 나는 글을 쓰고 있는 내 자신에 대해, 그리고 나와 함께 하는 사람들에 대해 가장 많은 이야기를 하고 있음을 깨달았다. 좋은 글을 통해 많은 사람에게 공감대를 형성하고 나의 글로 인해 새로운 자신을 발견할 수 있도록 힘을 주기 위해 희망으로 가득 차 있는 나를 발견한다.

또한 마음 한편에 그러기 위해서 내가 할 일, 내가 갖추어야 할 것들에 대한 방법이나 계획들이 즐비하게 자리하고 있다. 어느 순간 나는 이 마음들을 나누고 싶은 생각이 들었다. 한데 엉켜있는 실타래를 풀어내듯 색깔별로 나름 정리하는 방법인 것이다.

마음노트 정리하기

냉장고 속을 정리하듯 내 마음속 정리도 이렇게 하면 된다. 이런 생각과 습관이 나의 마음노트를 만들게 했다. 처음 내가 마음노트를 만들었던 것은 노트 한 권에 어느 날은 일기를 쓰고 어느 날은 시를 쓰다 보니 결국에는 시집도 일기장도 아니었다. 또 내가 좋아하던 에세이나 자기개발서를 읽다가 좋은 글귀가 눈에 띄면 그것 또한 한곳에 쓰다 보니 여러 가지가 섞여 정리광인 내게는 고민거리가 되기 시작했다.

그래서 일기는 일기장, 시는 시집, 책을 통한 명언이나 좋은 사례는 책 노트로 나누어 쓰게 되었다. 여기서 한 가지 팁은 모두 똑같으면 재미가 없다는 것이다. 저마다 특징에 맞는 노트를 구입해서 적어가다 보면 금방 싫증나지도 않고 기분도 새롭게 느껴지고는 한다. 그러나 어느 한 가지에 대해 전문적으로 파고 들 때는 노트 한 권을 이용해 세분화를 시키는 것도 한 가지 방법이다. 그 이유는 항상 가지고 다니며 보게 되고 상기시킬 경우 각각의 노트를 다 들고 다니기에는 불편하기 때문이다.

처음 내가 한 권의 노트를 세분화시켜 마음노트를 만들었던 것은 편집디자인을 배우면서였다. 제일 먼저 메모를 하기 위해 탄탄하고 색감 좋은 노트를 고른다. 그리고 맨 앞에는 편집디자인을 배우기에 앞서 나의 마음가짐을 새겨놓는다. 그다음은 편집을 배우는 과정

(강의)을 이해하기 쉽게 다시 적어놓는 것이다. 이 방법은 복습을 하는 과정에서 상당히 필요하고 중요한 부분이 된다. 그리고 다음 목록은 편집에 도움이 되는 책이나 디자인에 대해 체크를 해놓거나 스크랩을 해놓는다.

이렇게 한 권의 노트에 편집에 관한 모든 자료와 내 마음을 적어놓다 보면 배우러 오고 가는 길에 펼쳐볼 수 있고, 필요할 때마다 찾아볼 수 있기에 시간을 아낄 수도 있으며 상당히 도움이 된다.

영감은 왔을 때 잡아채야 한다

내 가방에는 작가로서의 마음노트가 만들어져 있다. 이 또한 4가지 항목으로 나뉘어져 있는데 첫 장을 넘기면 나의 마음가짐에 대해 써져 있다. 초심이 흔들릴 때마다 상기시키며 보고자 함이다.

첫 번째는 강의다. 책 쓰는 방법에 대해 들은 특강과 수업내용들이 고스란히 적혀 있고, 이는 현장감을 느끼며 다시금 내 마음을 다잡는데 도움을 준다. 들으면서 놓친 부분을 글을 써놓음으로써 다시금 읽고 되새길 수 있기 때문이다.

두 번째는 생각이다. 내가 책이나 글쓰기에 대해 생각하는 것들이 좋은 영감으로 떠올라 떠다닐 때 그것을 낚아채놓는 공간이다. 미국의 소설가 잭 런던Jack London은 이렇게 말한다. "영감이 찾아오길 기다

려선 안 된다. 잡으러 쫓아다녀야 한다"라고 말이다.

그렇다. 그저 기다리고 주저앉아 있으면 아무것도 떠오르지 않는다. 그러나 책을 보거나 신문 또는 잡지를 보다 보면 분명 떠오르는 영감들을 잡을 수 있다.

세 번째는 작가가 되기 위한 필수과정 중 꼭 필요한 책에 대한 항목이다. 이 공간에는 내가 읽고 싶은 책뿐만이 아니라 추천도서 및 꼭 읽어야 될 책들이 목록별로 적혀져 있다. 그리고 반드시 그 책을 구입하거나 읽기 위해 서점을 이용한다.

이 목록은 특히 일주일에 한 번 정도는 나를 서점으로 이끈다는 것이다. 직접 가는 게 귀찮거나 바쁠 때면 인터넷서점을 이용해서 주문하는데 이왕이면 책에서 나오는 그 에너지를 받고자 직접 서점을 이용하는 편이다. 현장감을 느끼며 내가 좋아하는 것을 찾고 읽다 보면 더 많은 에너지가 나를 자극하게 된다. 그리고 새롭게 출간되는 신간도서를 현장에서 바로 볼 수 있고 사람들의 반응도 바로 확인할 수 있어서 더 유익하다.

요즘은 역시 자기개발서가 여전히 대세인 듯하다. 그리고 책을 읽고 나서 서평을 간략하게나마 적어놓는다. 그렇게 되면 한번 읽었을 때 얻은 것보다 더 많은 것을 가져갈 수 있게 되고, 이 또한 강의처럼 복습의 효과가 있다.

마지막 네 번째는 사례다. 책을 쓰기 위해서는 많은 사례가 필요하다. 이건 간접경험을 통해 내가 쓴 글에 살을 붙이는 작업이다. 나의 경험과 생각이 큰 나무라면 시간이 지나면서 자라나는 새싹과 잎사귀에 영양분이 될 귀한 재료다. 그럼 결국 보기 좋고 튼실한 열매가 열릴 것이다. 이것이 나의 마음노트다. 난 이 노트를 항상 가지고 다닌다.

영국의 소설가이자 드라마 작가인 닐 게이먼Neil Gaiman은 이런 말을 했다. "당신만이 할 수 있는 이야기를 써라."

분명 당신만이 쓸 수 있는 이야기가 있다. 당신이 살아온 날들이 있고 담아둔 이야기들이 있다. 그리고 지워지지 않은 상처와 해결하지 못한 문제가 분명 쌓여있을 것이다. 그 모든 것을 글로 꺼내기 바란다. 글을 쓴다는 건 나를 쓰는 것이다. 내 문제를 쓰고 내 생각을 쓰고 내 미래를 쓸 수 있는 것이다. 쓰면 이루어진다는 말이 있다. 나 또한 쓰면서 이루어지는 것을 상당히 많이 경험한 사람 중 하나다.

지금 이대로도 잘하고 있다는 '자기 격려'도 쓰고 그동안 참 잘 참아왔고 잘했다는 '자기 칭찬'도 쓰면서 약하고 넘어질 수밖에 없었던 내 자신을 토닥일 줄 아는 '자기애'를 드러내기 바란다. 그러면 글을 그냥 쓰기만 해도 치유가 되는 순간들을 맛보게 될 것이다. 지금 당장 당신의 마음노트 한 권을 만들어 보라. 다음이 아니라 지금이다.

발견하기: 남의 삶이 아닌 자신의 삶을 살아라

그동안 남의 눈치 보느라 내 삶을 즐겁게 살지 못했던 생각 자체를 바꿔라.
내가 좋아하는 일을 하며 남의 삶이 아닌 진정한 나의 삶을 살 수 있을 것이다.

새로운 앨범을 발매할 때마다 논란을 일으키는 방법으로 인지도를 넓혀왔던 가수가 있다. 곡명부터 도발적이고 10대의 성 문제를 정면으로 이야기하며 신을 찬미하는 것인지 성의 쾌락을 말하는 것인지 알 수 없는 모호한 가사들과 매혹적인 몸짓으로 폭발적인 반향을 불러일으켰던 가수, 바로 마돈나Madonna다.

여성을 성 상품화한다는 비난도 받고 많은 이슈를 낳으며 논란의 중심에 있었던 마돈나는 음반이 나올 때마다 여론이 들끓었지만, 눈 하나 깜짝하지 않고 더 새롭고 더 파격적인 행보를 보였다.

마돈나는 자신의 삶을 온전히 자기 것으로 만든 채 여전히 멋지게 걸어가고 있다. 많은 비판을 받아도 자기 뜻대로 자기 멋대로 살아가는 것이다. 마돈나는 '네 인생의 주도권을 놓치지 말고 네가 가장 원하는 방법으로 살아라'고 말해왔다.

마돈나는 친절하지도 않고 우리와 같은 라인에 서 있지도 않다. 이미 저 멀리 높은 곳에서 우리를 바라보고 있다. 어디 할 수 있으면 해보라는 듯이 말이다.

나를 즐기는 용기

과연 수많은 사람의 비판을 받으며 내 뜻대로 살아갈 용기가 당신에게는 있는가? 나는 절대 그렇게 살아보지 못했다. 남의 눈에 내 행동이 어떻게 비춰질지 항상 의식하며 살아왔다. 남에게 피해주지 않기 위해 무던히 노력했고 항상 조심했다. 행여나 나로 인해 기분이 상할까 상대방을 살피기도 했고, 내가 손해 보면서까지 남을 먼저 배려했다.

지금 생각해보면 얼마나 미련하게 살았는지 모르겠다. 내가 나를 사랑하고 아껴야 남도 나를 사랑해 주는 건데 정작 나는 뒷전이었다. 오직 남이 먼저인 삶을 살았었다.

누군가의 기대치에 부응하기 위해 그동안 남이 원하는 삶을 살았다면 타인의 생각보다 자신의 생각을 먼저 바로잡아야 한다. 나는 내가 좋아하는 일을 하면서 마음껏 나를 즐기고, 결국은 그 즐거움이 누군가에게 즐거움이 되고 용기가 될 수 있음을 너무 늦게 알아버렸다.

좋아하는 일, 가슴 두근거리는 일을 하면 삶이 행복해지는데 얼마나 돈을 많이 벌겠다고 그동안 '돈, 돈' 거리며 여기저기로 옮겨 다녔나 모르겠다. 지금에서야 좋아하는 일에 몰두하면 좋은 결과가 나온다는 것을 느끼고 있다. 또한 나의 가치를 올리려고 너무 애쓰지 않는다. '나는 가치가 있다' '나는 훌륭하다'고 믿는 마음가짐, 그리고 나에게는 엄청난 힘이 있음을 믿고 인정하는 자세가 얼마나 나를 세우는지 하나씩 알아가고 있다.

"우리는 세상이 우리에게 기대하는 역할을 하며 살아간다. 즉 자신이 원하는 삶보다는 남이 원하는 삶을 살아간다."이는 이탈리아 작가 로버트 그린Robert Greene의 말이다. 이제는 두려움 없이 내 삶을 살아라. 내가 진정으로 살고 싶어 했던 인생을 살기 바란다. 내가 나를 바꾸고 미래에 대해 두려움이 없다면 최고의 삶을 살 수 있을 것이다.

나는 뭐든지 할 수 있다는 자신감과 내 인생을 바꿀 수 있다는 확신만 있다면 내 삶을 사는 데 그 어떤 두려움도 없을 것이다. 자신의 삶과 자신이 하고 있는 일을 사랑하라.

내가 원하는 삶과 마주하기

그리스 시인 소포클레스Sophocles는 "오늘은 어제 죽어간 이가 그토록 원했던 내일이다"라고 했다. 우리는 내게 주어진 오늘을 얼마나 잘 살아내고 있는가, 얼마나 감사하며 소중하게 쓰고 있는가, 오늘을 잘 살아야 내일의 내 삶을 바꿀 수가 있다.

살다 보면 뜻대로 되지 않아 지치고 힘들 때가 분명 있다. 그 누구의 말도 위로가 되지 않을 때가 있을 것이다. 그럴 때는 글을 통해 나를 위로하면 된다. 그 누구의 말도 위로가 안 되지만 내가 나에게 하는 말은 신기하게 위로의 힘이 생겨난다.

삶을 마주하는 것이 두려워서, 자신의 약점과 결점을 들키는 것이 두려워서, 누구에게도 인정받거나 사랑받지 못할까 두려워서 도저히 혼자서는 헤쳐 나갈 자신이 없을 때 당신은 무엇을 하는가? 혹시 술의 힘을 빌리지는 않는가? 많은 사람이 술을 핑계로 현실을 부정하거나 잊으려고 한다. 술의 힘을 빌려 모든 것을 잊어버리려 애를 쓰지만 잊혀지는 건 잠시뿐이고 깨고 나면 더 큰 괴로움에 시달리게 된다.

이제는 당당히 마주하기 바란다. 술이 아니라 글을 통해 자신이 두려워하는 것을 이겨내고 자신의 약점과 결점이 무엇인지 파악하고 누구에게나 인정받고 당당한 자신을 발견해나가길 바란다. 좋아하는 일을 지금 당장 하지 않는 사람은 기회가 찾아와도 마찬가지다. 결국 신세 한탄만 하다 모든 기회를 놓쳐버리고 말 것이다.

나는 항상 무슨 일을 할 때 많은 생각을 했었다. 그 생각이 오히려 나를 현실에 붙잡아놓는 일이 많아 주어진 기회임을 알면서도 놓친 적이 많았다. 그렇게 20대, 30대 반복되는 꿈에 대한 갈망을 이제는 더 이상 40대가 되어서까지 반복하고 싶지 않다.

이제는 오래 생각하던 것을 짧고 굵게 생각하고 신속하게 판단하면서 내가 하고 싶은 것은 하고, 사고 싶은 것은 사면서 충족을 채워가고 있다. 그리고 기회가 오면 절대로 놓치지 않기 위해 모든 삶의 감각을 세우고 있다.

내가 하고 싶었던 일을 시간이 없다는 핑계를 대고 환경을 탓하면서 계속 미뤄왔었다. 그 세월이 10년, 20년 지나면서 깨달아지고 있다. 결국 하고 싶은 것은 해야 한다는 것을, 그리고 결국에는 하게 된다는 것을 말이다. 어쩌면 일찍이 내가 포기해버린 일들이 사실은 내가 가장 하고 싶어 했던 것이라는 것을 뒤늦게 깨닫게 된 것이다.

포기한 것은 평생 자신을 따라다닐 것이다. 생각만 하지 말고 실천에 옮겨야 한다. 행동을 미루다 보면 내가 원하는 삶에서 점점 멀어지게 된다. 아무것도 하지 않으면 절대 아무 일도 일어나지 않는다는 것을 명심하기 바란다.

'인생이란 나를 믿고 가는 것'이다. 내가 할 수 있음을 믿는 것이다. 그 어떤 꼬리표가 붙는다 해도 신경 쓰지 않고 나를 믿고 가는 연습이 절대적으로 필요하다. 기적은 이미 내 안에 있으니까 말이다. 생각이 바뀌면 행동이 달라지고, 행동이 달라지면 결과물 또한 달라진다.

"인생의 가치는 당신의 태도에 따라 결정되는 것이니 유일무이한 자신을 중시하고 짧은 인생을 소중히 생각해야 한다. 그리고 쉬지 않고 자신을 개발해야만 세상도 당신의 가치를 인정할 것이다"라는 하버드 인생 특강 중에서 나온 말을 해주고 싶다.

나의 진심, 나의 꿈, 나의 확신이 나를 내가 좋아하는 길로 오게끔 이끌고 있다. 이 글을 통해 또 한 사람이 자신의 길을 찾고 자신의 삶을 즐거워할 수 있도록 나는 계속 노력할 것이다. 이제 자신의 삶을 살기 바란다. 내가 즐겁게 일하고 즐겁게 살아가는 것, 나로 인해 누군가 즐겁고 행복해지는 것, 이것이 바로 글쓰기의 힘인 것이다.

드러내기: 구체적으로
써내려가라

말하는 것만으로는 알 수가 없다. 구체적으로 꺼내고 써내려가라.
그렇다면 반드시 회복되고 당신의 생각대로 이루어질 것이다.

1994년 개봉작 〈마스크〉로 톱스타 반열에 오른 배우가 있다. 익살스러운 표정과 천의 얼굴을 가지고 있는 영화배우 짐 캐리_{Jim Carrey}가 바로 그다. 짐 캐리를 스타로 만들어준 백지수표 한 장이 있다는데 무슨 이야기일까?

짐 캐리의 백지수표는 1천만 달러짜리였다고 한다. 한화로 약 100억 원이 넘는 액수, 그런데 누가 무명배우인 짐 캐리에게 백지수표를 주었을까? 그건 바로 본인이었다.

아픈 어머니를 즐겁게 해주겠다는 마음 하나로 희극을 시작한 짐 캐리는 어느 날 실직한 아버지를 위해 문구점에서 구입한 가짜 백지 수표에 1천만 달러의 금액을 적고 나중에 진짜로 바꿔주겠다며 호언 장담을 했다고 한다. 무슨 믿음이었을까? 그는 자신에 대한 믿음이 컸던 것 같다. 그 수표에는 '1995년 추수감사절'이라는 구체적인 기한까지 작성해놨다고 한다.

백지수표를 발행한 지 4년 만에 일생일대의 영화 〈마스크〉와 같은 해 말 영화 〈덤 앤 더머〉로 700만 달러의 소득을 얻었다. 1995년 개봉한 〈배트맨3 포에버〉에도 출연해서 정확히 1천만 달러를 거머쥐게 되었다고 한다.

단순한 재미와 즐거움을 주기 위해 썼던 백지수표가 분명 가짜임에도 자신의 믿음대로 현실이 되어 나타났다. 안 된다고 생각하면 100% 안 된다. 그러나 된다고 생각하면 되는 것이다.

물론 이루어지는 정점은 사람마다 다를 수 있다. 그 목표치가 10%에서 100%까지 다 다르겠지만, 이루려는 노력이 그를 이루게 만든 것이다. 짐 캐리의 꿈을 현실로 바꾼 자신에 대한 무한한 믿음은 성공한 사람들의 특징이다. 미친 사람이라고 생각할 정도로 자기 확신이 뚜렷한 것이다. 그래서 한편으로는 4차원이란 소리도 많이 듣는다고 한다. 나도 짐캐리처럼 안 된다고 믿었다면 할 수 없었던 일을 된다는 믿음으로 편지를 써서 상대방의 마음을 움직인 적이 있었다.

마음은 전해진다

아들이 초등학교 입학 당시 한창 일을 다녀야 했기에 방과 후 아이를 돌봐줄 곳이 절실히 필요했다. 유치원처럼 초등학교에서 6시까지 아이를 봐줄 수도 없었기에 고민에 빠져 있을 때 운 좋게 한부모 가정이나 다문화 가정, 그리고 미달시 맞벌이 가정 아이들을 돌봐주시는 방과 후 돌봄 반에 들어가게 되었다. 다행히 인원초과가 아니었기에 맞벌이 가정 서류가 받아들여졌다.

그렇게 1년을 돌봄 교실에서 도움을 받으며 힘들지 않게 아이를 맡길 수 있었다. 그러나 2학년부터가 문제였다. 한부모 가정과 다문화 가정 아이들의 신청수가 늘어나면서 결국 맞벌이 가정에 속한 아이는 들어갈 수가 없다는 통보를 받았다. 그렇게 되면 학원을 다니던지 집으로 일찍 귀가해야 하는 상황이 벌어지는 것이다. 맞벌이를 하는 입장에서는 참으로 난감했다. 그렇다고 부모가 오는 시간까지 이곳저곳 학원으로 아이들을 보내고 싶지는 않았다.

많은 생각이 오고갔다. 아이를 위해 회사를 잠깐 쉬어야 하는지 아니면 반나절이란 시간을 학원이나 또 다른 누군가에게 맡겨야 하는지 대책이 필요했다. 하지만 누군가에게 맡기거나 학원을 보낸다는 건 경제적인 문제가 뒤따랐다. 난 생각 끝에 돌봄 교실 선생님께 편지를 썼다. 아주 구체적으로 쓰기 시작했다. 내가 처해 있는 상황과 아이를 학원으로 돌릴 수 없는 경제적인 여건 등, 그리고 간곡한 마음을 담아 추가로 받아줄 수 없는지 부탁하는 편지를 썼다.

그렇게 새 학기가 되기 전 노심초사하고 답장만을 기다리고 있을 때 선생님으로부터 장문의 문자가 왔다. 가슴이 두근거렸다. 떨리는 마음으로 기대 반 포기 반 문자를 읽어보니 눈물이 날 지경이었다.

마음이 전해진 걸까? 내 편지가 효력을 발생한 것이다. 학교 관례상 저학년인 2학년까지만 받고 인원 초과시 더 이상 받지 않았던 관례가 나의 편지로 인해 선생님의 마음을 움직이고 교장선생님의 마음을 움직였던 것이다. 그래서 내 아들뿐 아니라 몇 명의 맞벌이 가정 아이들이 더 혜택을 받게 되었다.

얼마나 감사했는지 모른다. 그리고 그때 알았다. 글쓰기의 힘이 얼마나 강력한지 말이다. 쓰는 순간 이루어졌다. 구체적으로 나를 드러낼 때 나의 진심이 전해졌고, 나의 진심을 읽게 되었던 것이다. 진심은 통하는 법이다. 그리고 글을 쓸 때 나의 생각과 마음과 느낌을 보다 정확하게 전달하고, 상대 또한 나의 마음을 알 수 있기에 글쓰기는 가장 좋은 방법이다.

그러나 구체적으로 쓴다는 건 사실 꽤 귀찮은 일일 수도 있다. 구체적으로 쓰다 보면 많은 시간이 걸리고 더 깊은 생각을 만나야 하기 때문이다. 그러나 그 몇 줄에 자신도 모르게 기가 막히고 울림이 있는 글이 나올 수 있음을 기억하자.

글은 이렇게 진심으로 구체적으로 써야 한다. 안 그러면 내 생각을 제대로 전달하지 못한다. 아마도 글 대신 말로 표현을 했다면 내 생각을 호소력 있게 전달할 수 있었을까? 아마 절대 전달할 수 없었을 것이다.

구체적으로 쓴다는 건 무엇일까? 글이 글로 보이는 것이 아니라 그 글을 쓴 사람이 보이는 것이다. 단지 종이에 나열된 글자에 불과한 것이 아니라 그 글을 쓴 사람의 인생이 보이고 그의 눈물이 보이는 것이 글쓰기다.

퓰리처상을 만든 미국의 언론인 조지프 퓰리처 Joseph Pulitzer 는 이렇게 말한다. "무엇을 쓰든 짧게 써라, 그러면 읽힐 것이다. 명료하게 써라, 그러면 이해될 것이다. 그림처럼 써라, 그러면 기억 속에 머물 것이다"라고 말이다. 여기에 난 구체적으로 쓰라는 말을 추가하고 싶다. 글을 쓸 때는 설명하려 들지 말고 보여준다는 자세로 구체적이고 생생하게 써야 한다고 말한다.

나의 삶 속에는 어떤 그림이 있는지, 어떤 이야기가 있는지, 삶에 대해서 구체적으로 써본 적이 있는가? 지금까지 어떻게 살아왔는지, 또 앞으로는 어떻게 살아갈 것인지, 생각은 해봤겠지만 써보지는 않았을 것이다.

만약 써본 적이 없다면 내가 살아온 과거와 미래를 구체적으로 써보기 바란다. 잘 쓰겠다는 생각은 집어치워라. 일단 글을 쓸 마음의 준비가 되었다면 이미 반은 이룬 셈이다.

구체적으로 쓰려면 무엇보다 주변 상황과 사물에 집중하는 자세가 필요하다. 사소한 것 하나 놓치지 말고 모든 것을 눈과 귀에, 그리고 가슴에 담아내야 좋은 글을 쓸 수가 있고, 구체적인 감정이 살아 움직여 글로 나온다. 눈에 보이듯 귀에 들리듯 그렇게 글을 써라.

17세기 일본의 유명한 하이쿠 시인인 바쇼Basho는 "나무를 알고 싶으면 나무한테 가라"고 말했다. 산이 궁금하면 산을 직접 타봐야 하고, 바다가 보고 싶으면 바다로 가야 바다 내음과 그 드넓은 장관을 보게 되듯이 말이다. 우리가 책으로만 접하던 것을 직접 체험하거나 보게 되면 현장감을 더 생생하게 몸으로 느끼게 되듯이 구체적인 글이 나오려면 구체적인 경험이 필요하다.

본능적으로 나오는 말보다 구체적으로 쓸 때 글은 당신이 생각했던 것보다 더 많은 생각을 가지고 나온다. 그리고 추억을 가지고 나온다. 왜 써야 하는지는 써보면 알 것이다. 쓰다 보면 당신의 마음과 손이 움직인다.

표현하기: 쓰기는 영감의 강력한 표현이다

글을 쓴다는 것은 강력한 자극이며 생각지 못한 영감을 얻게 된다.
그 신비에 가까운 생각을 쓴다는 것은 자신을 표현하는 가장 강력한 방법이다.

영국의 물리학자 아이작 뉴턴Isaac Newton, 발명왕 토머스 에디슨Thomas Edison, 자동차 왕 헨리 포드Henry Ford, 청나라 황태후 서태후西太后, 천재 극작가 버나드 쇼George Bernard Shaw, 세계 최고의 퍼스트레이디로 칭송받는 엘리너 루스벨트Eleanor Roosevelt 여사 등 동서고금을 통해 금자탑을 쌓은 이들의 공통점이 있다면 평생 잠을 잘 잤다고 한다. 숙면의 위대한 힘을 통해 큰 획을 남긴 사람들이다. 예나 지금이나 숙면은 많은 사람의 일상적인 로망이자 건강의 상징이기도 하다.

실존했던 위인 및 유명인사들의 실화를 바탕으로 한 침대제조업

체 시몬스의 광고를 통해 '숙면의 위대한 힘'은 스포트라이트를 받은 적이 있다.

광고에 삽입된 곡은 세계에서 가장 많이 리메이크된 곡이자 가장 많이 재생된 곡이다. 1985년까지 1,600개가 넘게 리메이크된 것이 인정되어 기네스 기록이 되었고, 방송음악협회에 따르면 20세기에만 무려 700만 번이 넘게 연주되었다고 한다. 1999년 20세기를 마무리하는 BBC(영국 공영방송사)의 결산 투표에서 20세기 최고의 곡으로 선정되었고, 롤링스톤(미국 대중음악잡지)과 MTV(미국 음악전문 케이블 TV 채널)에서도 역대 최고의 곡 1위를 차지했다. 우리나라에서도 종종 한국인이 좋아하는 팝송 1위를 차지하곤 하는데 바로 비틀즈의 〈예스터데이 Yesterday〉다.

비틀즈 전기인 『매카트니와 비틀즈』에 따르면 당시 22세의 매카트니가 자던 중 꿈에서 들은 멜로디라고 한다. 꿈속에서 환상적인 현악 앙상블을 듣고 잠에서 깨자마자 잊어버리지 않으려고 피아노로 달려가서 연주하며 피아노 반주곡으로 악보를 써내려갔다고 한다. 매카트니는 '멜로디가 좋은데 어디서 들었던 곡을 무의식적으로 베낀 것이 아닐까?'라는 생각으로 한 달간 음악 관계자들한테 곡을 들려주면서 물어보고 다녔고, 다들 처음 듣는 곡이라고 하자 비로소 '내 것인가 보네' 하면서 가사 작업에 들어갔다고 한다.

그리고 세계 최초로 비틀즈의 〈예스터데이〉 음원을 삽입한 시몬스 광고 영상은 세계 최초로 이 곡의 음원 사용권을 부여받았는데, 세계

적인 명곡 〈예스터데이〉의 음악적 영감이 꿈에서부터 시작되었다는
스토리가 매우 매력적이었기 때문이 아니었나 싶다.

영감을 통해 멋진 글이 탄생한다

꿈에서 들은 음악을 통해 이렇게 아름다운 곡이 나오고 아름다운 광
고가 만들어졌다. 처음 이 광고를 봤을 때 수많은 광고 중 하나라는
생각보다 한 편의 영화를 보는 듯한 착각이 들었다. 흥미로운 스토
리도 눈길을 끌었지만 영상 자체가 음악과 어우러져 너무 아름다웠
다. 처음 나오는 영상과 음악에 도취되어 침대광고라는 것을 나중에
알아차렸을 만큼 그 아름다움에 매료되어 넋을 잃고 봤던 기억이 난
다. 이처럼 잠을 자다 꿈에서 영감을 받은 위대한 창작물이나 발견들
은 생각보다 많다.

　실제로 잠이 창의적인 사고를 하는 데 상당한 역할을 하기 때문이
다. 전문가들은 인간이 잠을 잘 때 휴식을 취하는 논렘 수면 상태와
얕은 잠을 자는 렘수면 상태가 반복된다고 하는데, 우리 뇌는 렘수
면 상태에서 활성화되며 깊고 충분한 잠을 자면 렘수면 상태가 길어
지고 창의력도 발달할 수 있다고 한다. 잠을 잘 때 뇌의 여러 부분에
정리되어 있던 기존 정보들이 새로운 정보들과 연결되거나 융합되는
경우, 새로운 창의성으로 작용할 수 있다는 것이다.

글쓰기도 이와 같다는 생각이 든다. 어떤 생각이나 영감을 통해 멋진 글이 탄생한다. 누군가의 명언이 되고 누군가의 얼굴이 된다. 이것은 분명 순간 지나칠 수 있는 글감을 붙잡은 위력이다.

"책 읽기는 완전한 사람을 만들고, 토론은 부드러운 사람을 만들고, 글쓰기는 정확한 사람을 만든다." 이는 철학가이자 정치가인 베이컨Bacon이 한 말이다. 글쓰기는 정확한 사람을 만든다는 말이 한번 더 글을 쓰게 만든다. 글은 나를 표현하는 가장 아름다운 방법이다. '쓰기'는 무에서 유를 창조하는 것이 아니다. 유에서 유한한 유를 더하는 작업이다. 이미 가지고 있는 재능들을 발견해서 그 가치를 나누고 글로 쓰는 행위, 이것은 분명 말하는 것과 다른 의미가 있다.

글쓰기의 출발은 이렇게 생각이다. 이미 자신에게도 수많은 생각과 영감들이 지나가지만 그저 흘러 보냈던 적이 얼마나 많았는지 알 수 있을 것이다. 내 머릿속을 지나가는 수많은 생각을 잡아내는 것이 바로 글쓰기다. 우리가 가끔 특별한 사건을 경험하거나 기록으로 남길 만한 깨우침을 얻었을 때 글을 써야 한다고 생각한다. 그리고 이미 책으로 나와 있는 글이나 남들과 비슷한 경험을 한 글들은 많다. 하지만 같은 경험을 했다고 해서 같은 생각을 하는 것은 아니다.

자라온 환경이나 지역, 처지 등에 따라 똑같은 경험 안에서도 얼마든지 다른 생각을 할 수 있다. 아니, 분명 다른 생각이 나오게 되어 있다. 그래서 글쓰기의 시작은 경험을 토대로 만들어지는 생각이다. 같은 영화를 보고도 느낀 점이나 받아들여지는 생각이 다르듯이 말이다.

살면서 떠오르는 영감들이 글이 된다

우리의 일상은 말 그대로 스토리다. 꿈을 꾸는 순간부터 잠에서 깨어나 하루를 시작하고 마무리하는 그 시간까지 우리의 삶은 스토리 그 자체다. 많은 말을 하고 많은 사람을 만나고 많은 글을 주고받는다. 매일 같은 일상을 살아간다고 해도 우리의 감정과 기분, 생각은 날마다 또 다른 하루를 살아가게 한다.

평범한 일상 속에서 발견하는 나의 생각, 살면서 떠오르는 영감들은 언제나 글이 될 수 있다. 그것도 세상에 하나밖에 없는 아주 특별한 글이 될 수 있다. 나만의 생각들을 어떻게 정리해서 글쓰기를 시작해야 할지 모르겠다면 일기나 편지와 같은 방법으로 풀어쓰는 게 가장 쉽게 접근할 수 있는 방법이다. 누군가에게 말하듯이 쓰는 것이 글쓰기의 기초다.

세상이 변해서 옛날처럼 붓이나 연필로 쓸 필요도 없다. 디지털과 인터넷이 생활화된 지금 언제 어느 곳에서나 자신의 생각과 느낌을 글로 남길 수 있는 여건은 조성되어 있다. 하지만 개인적으로 역시 디지털보다는 아날로그 방식의 글쓰기가 더 매력적인 건 어쩔 수가 없다. 순간순간 만들어지는 생각과 느낌을 글로 남겨보자. 나 자신을 기억하게 하는 것은 2가지 방법이 있다.

하나는 스티브 잡스나 오프라 윈프리 같이 남들이 나에 대해 이야기해주는 유명인이 되는 것, 다른 하나는 나를 표현하는 글쓰다. 어쩌면 글쓰기는 나를 발가벗기는 것과도 같다. 분명 나를 온전히 꺼내야 하고 쓰다 보면 내 정체성이 드러나기에 주저할 수도 있다. 그러나 자신에 대해 솔직하고 때로는 강력하게 표현할 수 있어야 한다.

오늘 살아갈 하루 중 또 어떤 생각이 나를 맴돌지 모른다. 오늘은 절대 놓치지 말자. 내가 살아갈 오늘은 내일의 밑거름이다. 그리고 내가 생각하는 나는 훨씬 더 가치 있는 사람이다. 자신감을 가지고 자신을 표현하라.

쉽게 쓰기: 메모도
곧 글쓰기다

메모는 가장 짧고 가장 쉽게 쓸 수 있는 글쓰기 방법이다.
순간을 놓치고 싶지 않다면 메모하는 습관을 가져라.

나는 사진과 글을 이용해서 전단이나 명함, 카탈로그 등 디자인을 편집한다. 일을 하다 보면 메모지를 사용할 일이 참 많다. 내가 편집해야 할 자료들이나 파일 등에 꼭 메모지를 써서 일단 붙여둔다. 사이즈나 종이 또 인쇄해야 할 부수라든지 의뢰한 사람의 연락처까지 꼼꼼히 받아적어 놓은 후 일을 시작한다. 메모지로 가장 많이 사용하게 되는 건 포스트잇이다. 이걸 누가 고안해냈는지 참 유용하게 사용하고 있다.

무언가를 기록하고 남기고 기억하고 또 누군가에게 전하고자 쓰게 되는 메모지의 사용방법들은 꽤 여러 가지다. 자칫 흘려보낼 수도 있었던 떠오르는 생각들을 메모를 이용해 기억하고 잡아챌 수 있다. 글을 쓰는 것에 있어서 아마도 가장 편하고 빠른 방법이 아닌가 싶다.

순간을 놓치지 않는 습관

맨부커 상을 받은 세계적 작가 이언 매큐언Ian McEwan의 글쓰기도 메모였다. 그의 소설은 수개월의 낙서에서 탄생했다. 생각날 때마다 스케치하고 메모한 글들이 한 권의 책으로 완성된 것이다. 『데미안Demian』, 『유리알 유희 Das Glasperlenspiel』의 헤르만 헤세 Hemann Hesse도 메모광이었다. 그는 달력 뒤에도 편지봉투에도 어디든 빈 종이에는 글을 썼다고 한다.

나 또한 부모님에게 용돈을 드릴 때나 생일을 맞은 아들 딸, 그리고 조카들에게 선물이나 용돈을 줄 때면 봉투에 꼭 메모를 남긴다. 간단한 사랑의 메시지를 짤막하게나마 쓰다 보면 전하는 사람이나 받는 사람의 마음이 배가 된다. 그렇게 되면 절대 그 봉투를 쉽게 버릴 수 없게 된다. 하나하나 모여지는 이유가 된다. 또한 달력에 쓰는 메모는 우리가 일상에서 놓칠 수 있는 부분을 기억해내기 위함이다.

특히 탁상용 캘린더는 아주 유용하게 사용된다. 나는 핸드폰과 컴퓨터 다음으로 캘린더를 하루 중 가장 많이 들여다본다. 그 안에는 하루의 모든 스케줄이 적혀 있기 때문이다. 지인들의 생일부터 약속, 그리고 병원 예약이나 업무 마감일까지 모든 게 체크되어 있다. 그래서 하나라도 놓칠세라 자주 들여다보곤 한다. 이렇게 메모의 습관이 잘되어 있으면 기억만 믿다가 놓칠 수 있는 작은 실수들까지도 완벽하게 처리할 수 있게 된다.

얼마 전 SBS 〈순간포착 세상에 이런 일이〉에 나의 시선을 사로잡은 나이 지긋한 노인분이 나왔다. '모든 것을 적는다는 남자' 81세 기록 끝판왕 박성희 씨다.

그의 방에 있는 달력에는 아주 사소한 일부터 하루의 일과가 빼곡히 적혀 있었다. 비단 어제오늘 일만은 아닌듯했다. 무려 30여 년 동안 빼곡하게 기록된 일상들이 달력으로 둘둘 말려 보관되어 있었다. 달력의 빈 공간이 턱없이 부족해보일 정도였다.

어쩌면 남들 보기에 귀찮은 일일 수도 있고 하찮은 일일 수도 있다. 누군가에게는 무의미하게 보낸 하루하루가 어떤 이에게는 아주 소중한 하루가 되어 온전히 기록으로 남아있다. 어쩌면 지난 세월 열심히 찍어놓은 사진첩을 들여다보는 것보다 이렇게 남긴 기록을 보면 더 생생하게 그날 일이 떠오르고 추억이 샘솟을 것이다. 이렇게 기록은 인생 그 자체다.

위대한 메모광들

러시아 문학을 대표하는 작가 도스토옙스키Dostoyevsky는 "습관이란 인간으로 하여금 그 어떤 일도 할 수 있게 만들어준다"라는 말처럼 작은 습관이 얼마나 큰 결과를 나타내는지, 그리고 얼마나 위대한 인물로 성장시키는지 잘 나타내주는 사례들이 있어서 소개한다.

조선후기의 실학자이며 위대한 사상가 다산 정약용은 "둔필승총 鈍筆勝聰, 둔한 붓이 총명함을 이긴다"라고 말했다. 사람의 기억은 아무리 총명하더라도 흐려지고 사라지게 마련이지만, 기록은 영원히 남으니 비록 잘 정리되어 기록된 것이 아니라도 머리로 기억하는 것보다는 낫다라는 뜻이다. 특히 정약용은 책을 읽을 때 책에서 주요한 내용을 뽑아 옮겨적고 책을 보며 느꼈던 점 또한 모든 것을 기록으로 남겼다고 한다. 그러한 메모 습관이 아마도 18년이란 유배기간 동안 500권의 책을 저술할 수 있었던 비결이 아니었을까 싶다.

독일 태생의 이론물리학자 알베르트 아인슈타인Albert Einstein은 만년 필과 종이, 휴지통 이 3가지만 있으면 어디든지 연구실이라 할 정도로 아무리 작은 생각도 메모하는 습관을 가졌다. 미국의 제16대 대통령 에이브러햄 링컨Abraham Lincoln은 큰 모자 속에 늘 노트와 연필을 넣고 다녔다. 미국의 발명가 에디슨은 3,400권의 메모 노트가 그를 발명왕으로 만들었고, 영국의 물리학자이며 천문학자인 뉴턴Newton은 4천여 권의 수첩을 사용했다고 한다.

다이어리의 아버지라 불리는 미국의 정치가 벤저민 프랭클린Benja-min Franklin도 있다. 가난한 대장장이 아들이었지만 메모하는 습관으로 엄청난 업적을 남기며, 미국 역사상 가장 다재다능한 정치가가 된 그는 메모수첩을 가장 소중히 여겼다고 한다. 메모를 통해 하루 일과를 점검하고 반성하는 메모를 남겼으며, 좋은 글귀와 아이디어가 있으면 틈틈이 기록을 했다고 한다. 특히 그의 명언들은 많은 사람에게 알려져 있다.

우리가 잘 아는 애플 사社의 창업자 스티브 잡스도 매일 모든 것을 메모했을 만큼 모두가 인정하는 메모광이었다. 그리고 관찰의 달인이었던 레오나르도 다빈치 Leonardo da Vinci를 잘 알 것이다. 천재적인 미술가이자 과학자이며 사상가였던 레오나르도 다빈치는 다방면에서 재능을 보이던 인재였다. 그 역시 메모하는 습관을 통해 30년간 다방면에 걸친 아이디어를 빼곡히 기록하는 등 그림과 글 둘 다 사용해 메모를 했다고 한다.

그리고 비행기를 타고 이동중에 갑자기 떠오른 시상을 급하게 가지고 있던 호텔 메모지에 적어 감동의 명곡 〈이매진Imagine〉을 탄생시킨 영국의 세계적인 4인조 록 밴드인 비틀스의 멤버 존 레논John Lennon도 있다.

또한 메모를 잘 활용할 수 있는 방법은 메모에 날짜와 내용을 쓰는 습관을 들이는 게 좋다. 그리고 무엇보다 매일 꾸준히 메모하는 습관이 중요하다. 어디에서든 그때그때마다 자신의 생각과 아이디어를 적는 습관, 그리고 일주일 정도 지나면 그 내용들을 간추려 노트에 정리하는 습관 또한 반드시 필요하다.

메모를 하고나서 다시 쳐다보지 않는다면 메모에 적힌 반짝이는 아이디어나 영감들은 무용지물이 되고 만다. 그러나 다시금 정리하면서 되새긴다면 그사이 놓쳤던 생각을 다시금 다 잡을 수 있는 좋은 기회가 된다.

특히 번뜩이는 생각이 잘 떠오르는 시간이 있다면 그 기회를 놓치지 말라. 난 운동할 때나 목욕할 때, 그리고 숲 속에 있는 시간들 속에서 가장 많은 영감이 떠오르는 것 같다. 아마 개인마다 마음이 편안해지고 새로운 에너지가 생겨나는 경우들은 다 다를 것이다. 그 좋은 시간들을 절대로 놓치지 말아라. 생활 속에서 이렇게 메모하는 습관들은 나의 글쓰기를 더욱 깊이 있게 만들 것이다. 생활 속 아이디어나 대화 속 팩트를 절대 놓치지 마라. 무언가를 쉽게 쓸 수 있는 가장 좋은 방법, 가장 빠른 방법은 그 무엇보다도 메모하는 습관이다. 메모도 곧 글쓰기의 하나다.

글을 쓰다 보면 저절로
새로운 자신을 발견하게 되고
자신의 존재감을 확인하게 될 것이다.

내가 나를 사랑하는 방법은 자세히 보아야 예쁜 들꽃처럼,
내 모습 그대로 있는 그대로를 인정하고 안아줄 수 있어야
된다. 쓰는 시간이 제일 편안하고 제일 행복한 시간이 될 수
있다. 아무에게도 구속받지 않고 오직 나와 만나는 시간은
글을 쓰는 시간이다. 그리고 온전히 자유를 만끽할 수 있는
시간이다. 나에게 운을 끌어당겨 주고, 나에게 기회를 만들
어주고, 나에게 행복을 가져다주는 유일한 방법은 글쓰기다.

4장

글쓰기로 있는 그대로의
나를 사랑하자

종이 위에 쓰는 순간,
치유가 시작된다

종이 위에 글을 쓰다 보면 상처가 드러나고 그 드러난 상처는 옅어진다.
그리고 자신도 모르는 사이 치유가 시작된다.

오로지 앞만 보고 달리느라 그 이상도 그 이하도 발견하지 못했던 나다. 삶 속의 작은 행복도 느끼지 못하고 항상 무언가 목마름에 더 나은 것을, 더 많은 것을 갖기 원했다. 나 자신부터 달라져야 내 삶이 달라지거늘, 나는 항상 환경 탓을 했다. 내가 살아온 환경이 나를 약하게 만들었다고 생각하고 있었다. 그러나 나를 그렇게 만든 건 환경도 부모도 아닌 바로 나 자신이었다.

누군가에게나 감추고 싶은 상처는 하나쯤 있다. 절대 남에게 보이고 싶지 않은 열등감 말이다.

미국 제32대 대통령인 프랭클린 D. 루스벨트Franklin Delano Roosevelt의 부인인 앨리너 루즈벨트Eleanor Roosevelt는 "열등감은 스스로 인정하지 않는 한 절대로 생기지 않는다"고 말했다. 결국 열등감은 내가 만드는 것이다.

내 안의 열등감과 마주하기

미국의 유명한 정신의학자인 제롬 프랭크Jerome Frank는 딸 줄리아Julia와 함께 정신질환자의 공통적인 특징에 대해 연구한 끝에 과격하지만 재미있는 결론을 내린 바 있다. '모든 정신장애는 기가 죽어서 생기는 병이며, 기를 살리는 것이 모든 치료 방법의 공통적인 요인'이라는 것이다. 기가 죽어서 생기는 병은 다름 아닌 열등감이다. 모든 정신적 장애의 근본에 웅크리고 있는 것이 바로 열등감이라고 할 만큼 열등감은 위험한 증상이다.

나도 어릴 적에 친구와 비교하는 엄마 말에 상처를 많이 받았던 적이 있다. 단지 엄마는 "누구는 이렇던데 너는 왜 그러니? 너는 왜 그것도 못하니?"라고 말씀하시며 나를 주눅 들게 만들었던 적이 있다. 이런 말을 들으면 처음에는 잘해보려고 노력을 한다. 그러나 그럴수록 실수는 더해져갔다.

나도 분명 잘할 수 있는 일임에도 엄마가 자꾸 그렇게 말할 때면 오히려 더 실수하고 반복되는 성화에 기가 죽곤 했다. 그래서 알게 모르게 엄마의 눈치를 많이 봤던 것 같다. 큰딸이다 보니 더 잘해야겠다는 생각도 많이 작용했고, 더 실수하지 않으려 무던히도 노력했던 기억이 난다. 그러나 실수가 쌓여가고 열등감은 더 심해지면서 더 작아지는 나를 만나기도 했다.

우리는 생각하고 그 생각을 행동으로 옮길 수 있는 성인이다. 열등감을 부정하거나 무작정 이기려만 하지 말고 먼저 내 안의 열등감의 원인을 찾아서 마주해야 한다. 무엇이 나의 마음 한구석을 무겁게 차지하고 있는지 들여다보는 작업이 필요하다.

누군가에게 상처받을 만한 말을 들은 적이 있는가? 이제 하나씩 마음속에서 꺼내 적어보자. 누가 나에게 상처를 주었는지, 누가 어떤 말로 어떤 행동으로 나의 마음에 상처를 냈는지 하나하나 써보기 바란다.

또 상대방뿐만이 아니라 내가 나 자신에게 준 상처는 없는지도 생각해보자. 남들 앞에서 나 자신의 부족한 면을 드러내고 싶지 않아 나를 묶어 놓은 적은 없는지도 생각해보자. 아마 많은 일이 있었음에도 막상 생각하라고 하면 생각이 나지 않을 수도 있다.

그럴 때 쓰면 된다. 하나씩 떠오르는 생각을 무작정 써보자. 쓰다 보면 꺼내지고 꺼내다 보면 쓸 게 많아진다. 나는 쓰는 순간 치유가 된다고 말했지만 무조건 다 치유가 되는 건 아니다. 그 당시 상황을 떠올리고 글로 써내려갈 때 그 마음을 이해하고 용서하면서 써야 치유가 시작된다. 당신은 당신이 생각하는 것보다 훨씬 강하다. 당신의 열등감은 당신이 이겨낼 수 있다.

중학교 시절 처음 인천으로 전학왔을 때 환경도 친구들도 낯선 곳에 적응하고자 무던히도 애를 썼다. 친구가 많았던 정든 학교를 떠나 전학을 간다는 것은 외로운 싸움의 시작이었다. 무엇보다도 보육원에 있다는 생각이 나를 더 작게 만들었지만, 말하지 않으면 아무도 몰랐을 일이었기에 담임 선생님한테 비밀로 해달라고 요청했다.

마음을 움직이는 건 마음이 담긴 글이다

어느 순간 친구들이 내가 보육원에 있다는 사실을 다 알게 되는 사건이 일어났다. 알았다는 것보다 친구들이 나를 불쌍하게 보고 있을 것이란 생각이 나를 더 못 견디게 만들었다. 그 일이 있은 후부터 선생님의 대꾸에도 무관심하고 아이들과 이야기를 하지 않았다.

선생님에 대한 배신감과 아이들에 대한 창피함이 나를 더 이상 자유롭게 놔두질 않았다. 철저히 혼자가 된 듯했다. 한 달 동안 친하게 지냈던 친구에게조차 난 쌀쌀하게 굴었다. '그 친구는 나를 어떻게 생각하고 있을까'라고 생각했을 때 차라리 내가 먼저 외면하는 게 더 나을 거라는 생각이 들었다. 그래서 철저히 혼자 다녔다.

그러던 어느 날 집에 가서 가방을 정리하는데 편지가 나왔다. 나와

158

가장 친했던 친구의 편지였다. "상주야, 나야. 누군지 알지? 난 네가 어디에 살든 상관없어. 거기 살면 어때. 차라리 지옥 같은 집에 사는 나보단 나을 것 같은데? 우리 엄마는 이혼했어. 가끔 집에 가면 이상한 아저씨가 놀러와 있고 나도 집에 가기 싫어. 나도 이런 이야기 안하려고 했는데 너한테만 이야기한다. 비밀이다."

갑자기 미안해졌다. 그 친구의 진심이 들어 있는 편지를 보고 눈물이 났다. 본인 또한 나처럼 아무로 몰랐으면 했을 자신의 가정사를 내 마음을 돌리기 위해 꺼내고 있었다. 괜히 미안했다. 미안한 마음이 들자 친구에게 나도 내 마음을 전해야겠다는 생각이 들기 시작했다. 편지지를 꺼내고 쓰다 보니 내가 시설에 들어가게 된 이유부터 내가 처한 상황 등 친구들에게 상처받았던 일까지 다 쓰고 있었다.

그렇게 한참을 쓰다 보니 편지가 3장이 되었던 것 같다. 눈물과 함께 나를 드러내다 보니 마음이 한결 편안해지는 것을 느낄 수 있었다. 그 이후로 그 친구와는 오랫동안 절친한 친구로 지내게 되었다. 서로 편지도 많이 주고받고 서로에게 힘이 되어주는 친구가 되었다.

그때 알았다. 사람의 마음을 움직이는 건 글이라는 것을 말이다. 말로 할 수 없는 것을 글로 쓰게 되면 그 마음은 배가 되어 전해진다. 나는 종이 위에 나를 꺼내는 순간 어떤 변화가 생기는지 너무도 많이 경험한 사람이다. 종이 위에 쓰기 시작하는 순간부터 나의 모든 삶이 그 방향을 향해 1도씩 움직였다.

글로 적는다는 행위는 이렇듯 최고의 장점이다. 단지 적었을 뿐인데 그 효과는 결코 무시할 수 없는 엄청난 결과를 가져온다. 아주 오래된 감정들이 나오면서 나도 몰랐던 기억들까지 같이 나오기 시작한다. 상처 난 감정들이 흰 종이 위를 채워가기 시작하는 순간 가슴속에 있던 나의 상처들은 옅어지기 시작함을 느낄 수 있을 것이다.

어쩌면 여기저기 구겨진 주름을 다리미로 쫙 펼 때의 쾌감을 느낄수도 있다. 비록 옅은 흔적이 남을지라도 우리의 상처는 서서히 펴질 것이다.

이제 가만히 들여다보자. 완벽하지 않을지라도 잘 쓴 글이 아닐지라도 가슴속에 담겨 있을 때와 분명 다가오는 감정은 전혀 다름을 알게 될 것이다. 이제는 꺼내보자. 종이 위에 쓰는 순간 치유는 시작된다.

깊은 상처까지도
모두 꺼내 글로 써라

글을 쓴다는 것은 깊숙이 자리한 상처까지도 끄집어낼 용기가 있어야 한다.
그 용기로 쓸 때 나의 모든 상처는 사라진다.

구글 최고의 브레인 집단으로 미래를 상상하는 '꿈의 공장'인 구글 X의 신규 사업개발 총책임자 모 가댓Mo Gawdat이라는 공학자가 있다. 그는 사회에서 큰 성공을 거두었음에도 행복을 느끼지 못하고 항상 더 많이 가진 자와 자신을 비교하며 그때마다 좌절감에 빠지곤 했다.

남들이 보기에는 정말 부러울 것 없는 모 가댓에게 어느 날 시련이 닥친다. 대학생이던 아들이 맹장염이라는 진단하에 수술실에 들어갔지만 의료사고로 갑자기 목숨을 잃게 된다. 가족이 죽는다는 것, 그것도 사랑하는 아들이 죽는다는 것은 부모로서 얼마나 견디기 힘든 아픔이겠는가.

사람은 감정에 상처를 입으면 상처의 강도에 따라 그 불편함이 몇 분이나 몇 시간, 심지어 며칠 동안 계속 지속된다. 그러나 그 상처에 대한 생각을 멈추면 불편한 느낌이 감쪽같이 사라진다. 시간이 지나고 기억이 희미해지면 사람은 당시에 느꼈던 거북한 감정을 인정하고 받아들이게 된다. 그리고 그 일에 대해 나의 생각과 판단이 결정되어지고 굳어진다.

육체적 고통은 시간이 지나면 어느 정도 사라지고 회복되지만, 정신적 상처는 점점 깊어지면서 사라지지 않는 경우가 있다. 그 슬픔이 되뇌여지고 오래갈 경우가 그렇다. 모 가댓은 아들이 죽은 지 17일이 지나면서부터 글을 쓰기 시작했다. 슬픔 속에 잠겨 있기보다는 아들과의 추억을 생각하며 행복감을 느끼는 순간을 빠짐없이 무작정 기록했다.

그는 글을 쓰는 것을 멈출 수가 없었다고 한다. 그 기록에 행복목록Happy List이라는 이름을 붙였는데, 그 방법은 연필과 종이를 준비하고 나를 행복하게 해주는 것들을 생각나는 대로 적어보는 방법이었다. 슬픔 속에서 과연 행복이란 단어를 떠올릴 수 있을까? 과연 나라면 슬픔에 잠겨 글조차 쓸 수 있었겠는가? 아마 모든 식음을 전폐하고 앓아누웠을지도 모르겠다. 어쩌면 자식과 함께 간다고 목숨을 끊을 생각도 했을 것이다.

마음에 묻은 이야기

자식을 잃는다는 것, 생각조차도 싫은 아픔이다. 언젠가 내가 살던 동네에서 큰 교통사고가 발생했었다. 잠시 정차했다 출발한 마을버스가 바로 앞을 지나가던 어린아이들을 미처 보지 못하고 지나가버린 것이다. 유치원에 다니는 어린아이 둘이었다. 순식간에 그 거리는 비명소리로 아수라장이 되었고 마을버스 기사는 어찌할 줄을 몰라 자신이 친 아이들에게 달려가 가슴에 귀를 대고 야단법석이었다.

어딘가에서 119에 신고하는 소리가 들려왔고, 아이를 마중 나온 듯한 부모는 직감적으로 옷이나 유치원 가방을 보며 뛰어들며 소리치기 시작했다. 현장이 너무 끔찍해서 나는 오도 가도 못하고 있었다. 반쯤 넋이 나간 엄마는 아이를 끌어안고 계속 울기만 했다.

온몸이 피투성이가 되었던 아이, 그리고 그 아이를 안고 우는 엄마를 보니 가슴이 너무 먹먹했다. 바로 옆에 병원이 있던 터라 아이는 바로 응급실로 옮겨진 듯 했다. 그 뒤로 일주일쯤 되었을까? 아이가 건너다 사고가 났던 횡단보도 앞에 한 여자가 주저앉아 있었다. 언뜻 보니 지난번 사고를 당했던 아이의 엄마였다. 그렇게 허무하게 아이가 죽은 후 엄마가 정신을 놓았다고 한다.

계속 아이의 이름만 부르며 그렇게 횡단보도에서 넋을 잃고 있었다. 아무도 그에게 그 어떤 위로도 해줄 수가 없었다. 그 이후 그 사람을 만나긴 힘들었지만 성경책을 필사하면서 그 고통을 이겨 나갔다는 소식만 간간히 전해지곤 했다.

내 주변에는 이뿐만 아니라 아이가 생기지 않아서 괴로워하는 친구들도 있다. 시험관 아이를 갖기 위해 여러 차례 시도를 해보았지만 번번이 실패하자 포기한 친구도 있고, 가까이에는 지난해 결혼 후 첫아이를 임신했던 막냇동생이 8주 만에 유산한 경우도 있었다.

그때는 정말 어떤 위로도 해줄 수가 없었다. 참으로 가슴이 먹먹했다. 얼마나 울었을까, 퉁퉁 부은 눈으로 '이젠 괜찮다'는 문자 메시지를 보낸 동생 모습에서 눈을 떼지 못했었다. 그 마음을 알기에 더 마음이 아팠다. 그러나 내가 해줄 수 있는 게 전혀 없었다. 다만 시간이 필요했다. 그저 내가 할 수 있는 것은 답답한 마음에 몇 자 적어본 마음의 시를 라디오 프로그램에 보내는 일뿐이었다.

오래 묵은 상처 꺼내기

나에게도 우리 아이들이 있기 전 먼저 찾아왔던 아이가 있었다. 엄마로서 준비가 안 되었을 때 찾아왔던 아기… 그땐 걱정이 먼저 앞섰다. 내가 키울 수 있을지, 축복을 받고 태어나야 할 아이가 그렇게 내 걱정 속에 자라고 있었다.

결국 나는 그 아이를 포기했다. 그 이후에 나의 사랑하는 딸과 아들이 태어났다. 지금 내 곁에 있는 아이들을 보고 있노라면 내가 얼마나 몹쓸 짓을 했는지 얼마나 어리석은 짓을 했는지 후회가 들 때가 많다.

그때 내가 생각을 바꾸고 그 아이를 받아들였다면 얼마나 예쁘게 자랐을까? 세상에 나왔다면 얼마나 예쁜 모습으로 엄마를 불렀을까? '엄마' 소리 한 번 불러보지도 못하고 얼마나 무서웠을까?

문득 고등학교 시절 제왕수술 장면을 보여주는 동영상을 본 적이 있었는데, 그때 아이가 얼마나 필사적으로 피해 다니는지 그 모습이 생각나기 시작했다. 이 마음이 든 건 참으로 많은 시간이 흐른 뒤였다. 그동안 핑계를 대며 나를 합리화시켰던 내 마음이 어느 순간 산산이 부서졌다.

얼마나 몹쓸 짓을 했는지 그때 알았다. 생명의 소중함을 몰랐었다. 이 세상에 태어날 이유가 다 있건만, 내가 그 소중한 아이를, 신의 선물을 몰라봤다는 게 너무 괴로웠다. 그 날 난 그 미안한 마음과 죄스런 감정을 주체할 수 없어 한없이 써내려가기 시작했다. 일기장이 눈물범벅이 되어 내 고통과 함께 젖어가고 있었다. 그 어떤 글보다도 뜨거운 반성의 글이 되었다.

우리가 살면서 마음에 내는 상처는 참 많을 것이다. 마음의 상처뿐 아니라 정신적, 육체적 상처로 인해 꺼내지 못하고 속앓이를 한 적이 얼마나 많은가. 답답한데 꺼낼 수 없는 마음이 결국 나를 작아지게 만들었음을 인정한다. 그리고 나를 옴짝달싹 못하게 만들었다. 하지만 이렇게 글을 쓰고 있는 지금 그 답답함과 괴로움, 상처들은 어느 순간 사라지고 말았다.

흔히들 '참지 마, 병나'라는 말을 많이 한다. 하지만 꺼낼 수 있는 용기가 생기기 전에 자신을 솔직히 드러낸다는 것은 참 힘든 일이다. 그 용기가 생길 때까지 글로 자꾸 꺼내보길 권한다. 글로 상처를 꺼내다 보면 상처는 분명 희미해질 것이다.

상처 난 곳에 약을 바르고 시간이 흐르다 보면 새살이 돋아나듯, 그렇게 상처 난 마음에도 새살은 돋아난다. 물론 시간이 어느 정도 해결해준다지만 치유하지 않으면 흉터가 되어 아주 오래도록 자신을 자책하게 될 것이다. 흉터가 아니라 새살이 나도록 잘 치유해주어야 한다.

아픈 글쓰기를 해본 사람만이 행복한 글쓰기 또한 할 수 있다. 자신의 아픔과 상처가 깊이 자리하고 있다면 뼛속까지 써내려가라. 깊이 들어갈수록 깊은 상처와 직면할 수 있다. 뿌리 깊은 상처까지도 모두 꺼내 글로 쓸 수 있을 때 그 상처에 피가 멈추고 살이 붙어 다시금 살아갈 힘을 줄 것이다.

죽기 전에 글로 남겨야 할
5가지 리스트

오늘을 산다는 건 오지 않을 내일을 준비하는 하루이기도 하다.
마지막이 될지도 모르는 소중한 시간이다. 남겨야 될 리스트를 작성하라.

"비록 내 몸은 자유롭지 못하게 갇혀 있는 '잠수종' 같을지라도, 나의
영혼은 또 다른 자아를 찾아 '나비'처럼 비상한다."

『잠수종과 나비 Scaphandre Et Le Papillon』라는 책의 한 대목이다. 1995년
12월경 갑자기 운전중 뇌졸중으로 쓰러져 락트-인 증후군locked-in
syndrome이라고 불리는 전신마비 상태에 빠진 사람이 있다. 바로 프랑
스 유명잡지 〈엘르〉의 편집장인 장 도미니크 보비 Jean-Dominique Bauby다.

의식은 있었지만 유일한 움직임이라면 왼쪽 눈꺼풀만 움직일 수
있다는 것, 겉으로 보기에 혼자 움직이지 못하고 말을 할 수 없어 혼

수상태인 것처럼 보이기도 하지만, 혼수상태와 달리 락트-인 증후군은 운동기능이 제 기능을 하지 못할 뿐 각성은 되어 있는 상태다. 이 때문에 움직이지 못하고 한 곳에서만 살아야 한다고 해서 '감금증후군'으로 불리기도 한다.

세계적으로 인정받는 잡지 〈엘르〉의 편집장에서 한곳에 꼼짝없이 누워 있어야만 하는 상황이 되었을 때 얼마나 괴롭고 좌절했을까. 참으로 끔찍한 일이다. 아무것도 할 수 없고 꿈적도 할 수 없었던 편집장 보비는 언어치료사를 통해 소통을 시작했다. 그리고 오랜 좌절의 시간을 지나면서 죽기 전 평생의 소원을 이루기로 결심했다. 바로 '소설 쓰기'였다.

맨 처음 눈을 깜빡이며 완성한 문장은 "차라리 죽고 싶어요"라는 글이었다. 하지만 자신의 마지막 책 한 권을 쓰기 위해 1년 3개월 동안 20만 번 이상 눈을 깜박임으로『잠수종과 나비』를 집필했다. 그러나 책이 출간된 지 이틀 만에 심장마비로 세상을 떠나 많은 사람의 안타까움을 자아냈다. 그의 짧은 생애를 많은 프랑스인이 애도했고, 그의 책은 영화로 제작되어 세상에 남겨졌다.

최고의 자리에서 한순간에 잠수종에 갇혀 버린 그가 이제 나비가 되어 자유롭게 날아갔다. 세상에 자신의 흔적을 남기고 말이다.

버킷리스트를 하나씩 이루어가기

요즘 들어 시중에 버킷 리스트라는 책들이 꽤 많이 나와 있는 것을 볼 수 있다. 죽기 전에 꼭 하고 싶은 것들The Bucket List. 과연 나는 세상과 이별하기 전에 어떤 일을 해야 할 것인가?

대부분의 사람은 각자 처한 상황에 이끌려 인생을 소진하는 경우가 많다. 소중한 인생에서 내가 정말 좋아하는 일을 찾아 성취할 수 있다면 얼마나 즐거운 삶을 살게 될 것인가? 그러나 우리는 똑같은 방법대로 똑같은 공부를 하고 똑같은 학원을 다니며 똑같은 실수를 반복하며 살아가고 있다. 같은 길을 걸으며 점점 멀어져가는 나의 꿈을 동경하기까지 한다.

과연 나에게 시간이 얼마 남지 않았다면 난 무엇을 할 수 있을까? 그래도 과연 남들과 똑같이 살아갈 것인가? 또 내가 죽고 나면 사람들은 나에 대해 어떤 기억을 가지고 무엇이라 말할까?

우리도 지금 당장 이루고 싶은 목표가 분명 있을 것이다. 이미 써놓은 자신의 버킷 리스트도 있을 것이다. 그렇다면 이번에는 죽기 전에 남겨야 할 5가지 리스트를 작성해보자. 나는 참고로 학창, 결혼, 자녀, 일, 가족, 이렇게 5가지로 나누어 보았다.

첫 번째는 학창시절이다. 내가 처해진 환경 때문에 철저히 마음을 닫고 지냈던 시절이었고 다시는 돌아가고 싶지 않은 시절이지만, 나와 함께 하고 나를 위해 울어주었던 친구들에 대해 쓰고 싶다. 이유도

묻지 않고 같이 울어주고 나를 위로해주었던 친구가 있었다.

"고맙다 친구야, 네가 있었기에 내가 잘 견딜 수 있었어, 정말 고맙다. 그리고 보고 싶다."

두 번째는 결혼이다. 나는 결혼을 운명이라 말하고 싶다. 전혀 만날수 없었던 상황 속에서 알게 되고 만나고 지금까지 살아오고 있으니운명이라고 밖에 말할 수가 없다. 서로 살아온 환경이 다르기에 많은시간 싸우고 화해하고 이해하고 사랑하면서 진짜 내편이 되어 있는사람, 어쩌면 내가 죽고 나서 제일 가슴 아파할 내 반쪽에게 사랑한다는 말을 꼭 전하고 싶다.

"만나서 반가웠고, 살아줘서 고마웠고, 사랑해줘서 고마워. 나만바라봐주고 나를 믿어줘서 또한 고마워. 든든한 사람. 사랑해 여보."

세 번째로는 아이들이다. 이제는 컸다고 엄마인 나를 생각해주고먼저 챙겨주는 아들딸에게는 무슨 말을 해줘야 할까? 내가 죽기 전에아이들에게 남기기 위해 쓰기 시작했던 글들은 꽤 여러 번 있었다. 그러나 그럴 때마다 가슴이 울려서 쓰지 못했었다.

"엄마는 너희들이 있어서 정말 행복했단다. 엄마가 이 세상에서 가장 기뻤을 때는 너희들을 만났을 때란다. 그리고 그 어떤 일이 있어도울지 말고 잘 이겨냈으면 좋겠다. 사랑한다. 내 아들딸."

네 번째는 내가 가장 자부심을 가지고 하고 있는 일이다. 일은 나를찾고 내가 어느 때보다도 당당해지고 일하면서 즐거움을 주었던 순간들이었다. 나의 이름을 찾아주고 내가 새로운 꿈을 꿀 수 있게 나를 발전시켜준 것이었다.

"디자인을 종이로 인쇄하는 편집일을 알게 되고 15년이 넘는 시간을 같이하게 되어서 너무 즐거웠다. 내가 너를 놓는 그 순간까지 즐거운 시간들이 되길 바란다."

다섯 번째로는 가족이다. 사랑하는 엄마와 아빠, 그리고 4남매. 우리는 떨어져 있던 시간만큼이나 서로에 대한 믿음과 사랑이 커져갔다. 싸움 한번 안하고 서로를 이해하고 바라봐주고 믿어주고 응원해준 가장 따뜻한 사람들이다. 특히 엄마와 아빠는 나의 전부다. 나를 있게 해주었고 전적으로 나를 믿어주고 언제나 내편이었다.

"엄마, 아빠, 정말 감사합니다. 저에게는 보고 있어도 그리운 분들입니다. 항상 더 가르치지 못해서 미안해하고 잘해주지 못해서 미안해하시는 부모님이시지만, 전 그런 생각 한 번도 해본 적이 없습니다. 그저 당신들이 내 부모라서 그것만으로도 행복합니다. 엄마 아빠, 진심으로 사랑합니다."

짧지만 이렇게나마 나의 마음을 적을 수 있어서 너무나 소중한 시간이다. 그동안 나는 그다지 중요하지 않은 일에 시간과 에너지를 낭비하고 있었다. 그래서 진정으로 원하는 목표를 달성하지 못하고 돌고 돌아서 이제야 나의 꿈을 찾았는지도 모르겠다.

지금 중요한 것이 무엇인지 내가 진정으로 좋아하는 일은 무엇인지, 그리고 당장 내가 할 수 있는데 미루고 있는 것은 무엇인지 생각해보라. 이제는 시간과 돈을, 그리고 힘과 노력을 더 이상 낭비하지 말고 당신을 위해 살기 바란다. 오늘 하루 나에게 주어진 시간을 잘 사용하고 조용한 나만의 시간을 가져보자. 죽기 전에 남겨야 할 리스트를 노트에 작성해보라. 그래야 당신도 버릴 것이 보일 것이다.

나에게도 쉴만한
의자를 만들어라

힘들고 지칠 때 내가 쉴 수 있는 유일한 방법은 글을 쓰는 시간이다.
편안한 의자처럼 나만의 자유를 느끼는 시간을 만들어라.

오늘은 작고 아담한 카페를 찾았다. 책이 수북이 쌓여 있어 어지러운
방보다 커피향 가득한 예쁜 카페에 앉아 글을 쓰고 싶어졌다. 워킹맘
으로 살아가면서 나에게 이런 시간은 참으로 황금 같은 시간이다. 한
번씩 누리고 싶은 자유이기도 하건만 그리 쉽게 만들어지지 않는 시
간이기도 하다. 내가 나에게 주는 자유, 그리고 내가 나에게서 얻는
자유이기도 하다.

한때는 이렇게 나만의 시간을 갖는다는 것이 행복한 일인 줄 몰랐
었다. 온전히 나만을 위한 이런 시간은 결혼을 하고 아이들을 낳으

면서 자연스럽게 사라져갔다. 문득 내가 가장 즐거웠을 때가 언제였을까 생각해본다. 온전히 나를 느끼면서 자유로웠을 때 말이다. 아마도 시원한 바람을 만끽하며 친구들과 함께했던 제주도 여행이 아니었나 생각해본다.

마음의 휴식처를 찾아라

여행을 많이 다니진 않았지만 난 그 어느 곳보다도 제주도를 사랑한다. 공항에서 나오자마자 탁 트인 가로수와 시원하게 불어오는 바다 냄새는 훅하고 숨이 막힐 듯한 습한 태국과는 전혀 다른 비교할 수 없는 환희 그 자체였다.

제주도는 20대 직장 동료들과 처음 가본 뒤로 고교 동창들과, 지금의 남편과도 한 번씩 갔던 곳이기도 하다. 저마다의 추억을 골고루 갖고 있지만 무엇보다 인상적인 곳은 한라산 등반을 위해 한겨울 산에 올랐을 때가 가장 기억에 남는다.

안타깝게도 많은 사람이 오고가면서 훼손되었다는 이유로 윗세오름 대피소에서 더 이상 등반이 금지된 상태였다. 한참을 윗세오름에 있다가 아쉬움을 뒤로하고 내려왔던 기억이 있는데, 아마도 그때부터 내가 바다보다 산을 더 좋아했는지도 모르겠다. 두 번째 친구들과 갔을 때는 여름이었다. 모두가 결혼하기 전 일상의 탈출과 우정을 더

욱더 돈독히 추억하고자 떠났던 여행이었다. 몸도 정신도 젊음과 생기 그 자체였기에 어딜 가든 새롭고 즐겁고 재미있었던 기억뿐이다. 힘들지도 않았다.

그래서 여행은 젊어서 가라는 말이 맞는 것 같다. 지금은 어딜 가려면 금방 지치고 쉽게 힘에 부치니 살짝 겁이 날 정도다. 그래도 인천에 있는 가까운 소래산이나 계양산에 오르며 가지 못했던 한라산의 여운을 대신해보기도 하고 산 정상에 앉아 한참을 즐기다 내려오곤 한다.

산 중간에 놓인 벤치에 앉아 시원한 물 한 잔을 마시며 잠시 눈을 감고 있으면 산 속의 모든 공기와 바람이 느껴지는 듯하다. 고요히 자신과 마주할 수 있는 시간, 그 속에서 책을 읽거나 글을 쓴다는 건 신선놀음이 따로 없다. 난 주로 시를 쓴다. 바다나 산속에 있으면 저절로 시상이 떠오른다. 감수성을 자극하기에 산과 바다는 제격이다. 특히 산은 나에게 많은 영감을 불러일으킨다.

울창한 나무를 보더라도 그 나무의 뿌리내림부터 줄기의 갈라짐, 그리고 사람들이 만지고 지나간 자리마다 번들번들한 껍질의 벗겨짐까지 모든 게 눈에 들어오고 시가 되어 떠오른다. 가만히 눈을 감고 그 솔향기와 바람의 소리, 숲 속의 움직임을 느끼다 보면 온몸에 전율이 일어난다. 그때가 가장 행복한 것 같다. 자연 속에서 글을 쓴다는 것, 자연 속에서 나를 만난다는 것 말이다. 글을 쓰면 명상을 할 때와도 비슷한 몸 상태가 된다고 하는데 산속에서의 글쓰기는 그 묘미가 더해진다.

산 정상에서 느낄 수 있는 건 오직 나 자신뿐이다. 너무 힘들고 고통스러울 때, 내가 몰랐던 내 모습을 만날 수도 있다. 나의 약함과 직면하기도 하고 나의 강함을 느껴보기도 하는 곳이다. 나에게 부족한 게 무엇인지 알게 될 때 내가 더 강해질 수 있는 이유가 만들어지는 것 같다. 글을 쓸 때 난 그 이유가 만들어진다. 나에게 있는 것을 쓰고 있지만 나중에는 나에게 부족한 것도 나오는 게 글쓰기인 것 같다.

나에게 글쓰기도 산을 오르는 과정과 같다. 아니 어쩌면 산을 오르다 잠시 쉬어가는 의자와 같을지도 모르겠다. 답답할 때 내 안에 있는 것을 다 꺼내버리고 숨을 들이쉴 수 있는 시원한 공기 같은 것, 힘들게 오르다 잠시 쉬어갈 수 있는 의자 같은 것, 혼자 뒤쳐질까 열심히 앞서가는 사람들을 따라가게 되는 것, 그리고 힘들어 지쳐 주저앉아 있는 사람을 보면서 나는 할 수 있다는 오기가 발동하는 것, 이것이 나의 글쓰기다.

내면의 움직임을 느끼고 들어라

텍사스대 심리학과 교수이자 '쓰기 치료' 분야의 저명한 학자인 제임스 페니 베이커 James Pennebaker는 힘들었던 순간을 글로 표현함으로써 심리적 외상을 치유하는 '글쓰기 치료'를 연구했다고 한다.

4일 동안 매일 15~20분 정도의 시간을 들여 화나는 순간이나 고통스러웠던 순간을 기록할 참가자들을 모집했다. 참가자들은 비밀을 보장받는 대신 최대한 솔직한 태도로 글을 쓰도록 요구받았다고 한다. 그 결과, 참가자들의 전반적인 긴장도가 현저하게 줄어들고 전체적인 행복지수는 높아졌으며 건강도 증진되었다고 한다.

마음속 깊은 곳에 꼭꼭 숨겨두었던 이야기, 아무에게도 꺼내 보이지 않았던 이야기를 써보는 것이다. 문법이나 맞춤법 등 그 어떤 구조도 신경 쓰지 않고 써보는 것이다. 한 가지 명심할 것은 당신에게 큰 영향을 끼쳤던 일들을 쓰는 게 중요하다. 물론 아픈 과거를 꺼내면서 다시금 고통과 대면할 수 있다. 그러나 꺼내는 순간 그 고통은 신기할 만큼 옅어지기 시작한다.

절망한 경험을 말이나 글로 옮기는 것이 인간의 생각과 감정, 육체건강에 어떤 영향을 미치는가를 20년 이상 연구해온 그는 놀랍게도 글쓰기를 통한 노출, 자기고백은 면역체계를 변화시킬 정도로 엄청난 치유기능을 가지고 있음을 입증했다. 처음 몇 차례 고백하는 동안에는 혈압, 심장 박동률, 다른 심장 혈관의 변화가 오히려 증가했다. 그러나 계속해서 내면을 털어놓는 과정에서 혈압은 물론 연구를 시작했을 때보다 낮은 수준으로 떨어졌고, 다른 면역 기능들도 개선된 결과를 보였다. 사람에 따라 그 차이는 있었지만 분명 심리적으로 모두가 좋은 결과를 얻은 것은 사실이다.

나 또한 살면서 나를 크게 흔들었던 이야기를 글로 쓰고 드러내면서 치유했다. 글쓰기는 내 안에 있는 모든 감각과 감성을 자극한다. 그래서 글을 쓰면 내 내면이 움직이는 것을 느낄 수 있다. 마음속 깊은 곳에서 들려오는 슬픔의 이야기에 귀를 기울이다 보면, 그 마음이 글로 나오고 나오는 순간 내 마음은 어느새 편안해진다.

글쓰기는 힘들어서 주저앉고 싶을 때 내가 앉을 수 있는 쉴만한 의자로 비유할 수 있다. 언제 어디에서나 편안한 의자처럼 나를 쉬게 한다. 나를 생각하게 한다. 그리고 나를 만나게 한다.

당신도 시간이나 어떠한 특정한 장소에 구애받지 않고, 언제 어디서나 자신을 쉬게 할 수 있는 글쓰기를 통해 자신을 만나고 새 힘을 얻기를 바란다. 글쓰기를 시작하라.

내가 슬픔을 느낀다면
바로 표현할 것이다

눈물은 슬픔의 또 다른 언어이다. 이제는 참지 말고 드러내자.
내가 느끼는 그대로를 글로 표현하고 슬픔을 꺼내버리자.

영국의 소설가 버지니아 울프Virginia Woolf는 1941년 3월 28일 정신질환
을 비관한 나머지 강물에 빠져 스스로 목숨을 끊었다. 자녀 중 셋째로
태어난 버지니아, 어머니와 아버지를 잃은 후 신경쇠약 증세를 보이
기 시작했고, 의붓아들인 오빠에게 성추행을 당한 어린 시절의 경험
은 그녀가 평생 성性과 남성, 심지어 자신의 몸에 대해서까지 병적인
수치심과 혐오감을 지니게 할 만큼 큰 상처로 남아 있었다.

결국 자신을 이기지 못하고 자살한 버지니아는 자신을 솔직하게 풀
어 놓은 여러 권의 일기를 남겼다. 일기를 통해 자신의 모든 것을 쏟

아놓았던 그녀는 평생을 같이한 일기만을 남기고 떠났다. 그나마 살아가면서 슬픔을 견딜 수 있었던 힘은 버지니아에게 있어서 글쓰기가 아니었나 싶다.

눈물은 슬픔의 또 다른 언어다

슬픔을 느낄 때 눈물을 흘리면서 감정을 표출하다 보면 어느새 마음이 후련해진다. 아무리 참으려 해도 슬픔은 참아지는 게 아니다. 그저 마음에 꾹꾹 누르고 있을 뿐이다. 그 감정이 언제 어느 때 폭발할지 모른다. 버지니아처럼 자살로 이어질 수도 있고, 어느 순간 폭발할 때의 감정들이 또 다른 사람에게 상처가 된다.

마음 안의 기쁨, 분노, 슬픔, 행복, 두려움, 놀라움, 미움과 같은 기본 감정들은 따로 분리되어 존재하지 않는다. 감정들은 내 안에서 서로 만나고 부딪히고 섞이고 변화하는 것이다. 어느 한 감정이 마음의 물길을 막거나 오염시키면 다른 감정들도 직간접적인 영향을 받게 된다.

슬플 땐 충분히 울어야 다시 설 수 있다. 삶이 힘들어 꾹꾹 참고 있는데 누군가 진심어린 눈빛으로 '괜찮니?'라는 말을 던질 때 눈물샘이 터지는 사람들이 있다. 이렇듯 슬픔은 눈물과 가장 가까이 연결되어 있다. 눈물은 슬픔의 또 다른 언어인 것이다.

굳이 말로 표현하지 않아도 눈물 자체만으로도 무슨 일이 있다는 건 짐작하고도 남는다. 눈물에는 이렇게 슬픔을 치유하는 힘이 있다. 충분히 눈물을 흘리며 울 때 슬픔은 경감되고 치유된다.

슬픔은 안에서 밖으로 흘러나와야 하는 감정이다. 슬픔을 겪는 이에게 필요한 것은 맘껏 울 수 있는 시간이다. 그 슬픔을 온전히 눈물로 표현하는 것 말이다. 슬픔이 슬픔을 치유한다는 말을 들어보았는가? 애끓는 상실을 겪으며 슬퍼하는 이에게는 세상의 모든 아픔과 슬픔이 낯설지 않다.

광주에서 〈오월어머니회〉를 만난 세월호 희생자 유가족이 가슴으로 고백한다.

"저희가 이 일을 겪어보기 전에는 1980년 5월 광주에서 자식을 잃은 부모의 마음에 대해서 전혀 몰랐습니다. 죄송합니다."

진도 팽목항을 찾아 온 '5·18엄마'가 '4·16엄마'를 부둥켜안고 말한다.

"당신 원통함을 내가 아오. 힘내소, 쓰러지지 마시오."

슬퍼하는 이들이 서로를 이해하고 위로하고 치유한다. 슬픔을 겪어본 사람만이 상대의 슬픔을 이해할 수 있게 되는 것이다. 그리고 각자의 슬픔에 갇히지 않고 서로의 슬픔에 가슴을 연다. 그들은 파커 파머 Parker J. Palmer의 말처럼 '부서져 열린 가슴 a heart broken open'의 사람들이다. 상대방의 상처를 이해하기에 서로의 상처를 안고 보듬을 수 있는 것이다.

이처럼 큰 상처든 작은 상처든 인생은 생겨났다 사라지는 점點들을 이은 선線이다. 슬픔은 하나의 점에서 새로운 다른 하나의 점으로 나아갈 때 경험하는 과정적 감정이다. 그래서 영국의 학자이자 소설가인 클라이브 스테이플즈 루이스Clive Staples Lewis는 슬픔은 '상태'가 아니라 '과정'이라고 했다.

슬픔은 상실한 것을 기억하고 애도하고 감사하게 하고, 새로운 만남과 사건이 생겨날 수 있는 공간을 만들어준다. 슬픔을 통해 한층 더 성숙하게 되고 다른 이들의 마음을 이해하게 되는 것이다.

그러나 이 슬픔이 오래가면 안 된다. 슬픔은 빨리 지워버릴수록 좋다. 우리의 뇌가 기억하는 한 슬픔은 절대 사라지지 않는다. 그 방법은 꺼내는 수밖에 없다. 상처를 꺼내는 방법은 말과 글이다.

보통 사람들은 슬픈 일이 있을 때 누군가 전화를 걸어 한없이 자기 이야기를 꺼내는가 하면 만나서 회포를 풀어야 속이 시원해지는 사람이 있다. 일단 말로 꺼내는 것이다. 물론 꺼내면 시원하다. 하지만 그렇게 한참 풀고 집에 돌아갔을 때 왠지 마음 한구석이 허전하고 뭔가 풀리지 않는 감정들이 다시 밀려들어온다. 그리고 상대방이 나를 또 어떻게 생각할지 괜한 소리를 한건 아닌지 걱정 아닌 걱정을 하게 된다. 그렇게 되면 또 다른 슬픔과 괴로움이 비워졌던 마음을 차지하기 시작한다. 나는 이럴 때 글을 쓰라고 권하고 싶다.

당신의 글에는 힘이 있다

글쓰기의 힘은 정말 무한하다. 어떤 슬픔 속에서도 글로 표현하기 시작하면 내면의 모든 슬픔이 옷을 벗고 나오기 시작한다. 더 이상 아무것도 하기 싫고 아무 말도 하기 싫을 때에도 글을 통해서라면 당신의 마음은 조금씩 움직일 것이다.

누군가에게 보여주지 않아도 된다. 누군가에게 평가받지 않아도 된다. 그저 있는 그대로의 나의 감정을 글로 풀어내면 된다. 그러다 보면 현재뿐 아니라 지난날 잠시 잊고 있던 슬픔까지도 꺼내지기 시작한다. 자연스럽게 내가 드러나고 내가 치유되는 과정을 만드는 것이 글쓰기의 힘이다.

나는 항상 글을 썼다. 말보다 글이었다. 글은 내가 겪었던 일이나 감정이나 슬픔과 기쁨을 그대로 기억시킨다. 오히려 더 풍부한 감성이 묻어 더 진하게 묻어나온다. 그래서 난 글쓰기가 좋다. 글쓰기만의 매력은 써본 사람만이 알게 될 것이다. 그리고 써본 사람만이 글을 통해 내 감정과 상처와 슬픔이 꺼내진다는 것을 알게 될 것이다.

시간이 지난 후에 그 글들을 들여다볼 때 다시금 똑같은 실수를 반복하지 않으려 마음을 다잡곤 한다. 그리고 글에서 느껴지는 나약한 나 자신은 어느새 그보다 훨씬 강해져 있음을 알게 될 것이다.

글은 힘을 가지고 있다. 하지만 이 표현의 의미를 잘 모른다. 영성 지도자 소니아 쇼케트Sonia Choquette는 이렇게 말했다.

"당신이 의식하든 그렇지 않든, 단어의 힘은 진짜다. 모든 단어 안에는 에너지가 흐른다."

이 말의 의미는 글을 써보면 알 것이다. 유명한 저자나 출간된 책에 실린 글만이 힘을 가지고 있는 것이 아니다. 당신이 오늘 쓴 아주 짧은 글이나 지금 쓰고 있는 글에도 힘과 에너지가 있다. 당신의 글을 과소평가하지 말라. 쉬지 않고 글을 쓰면서 자기를 발견하고, 당신 손 끝에서 얼마나 강력한 힘이 나오는지 체험하기 바란다.

내가 지난 과거의 슬픔을 견딜 수 있고 버틸 수 있었던 힘은 글쓰기 덕분이었다. 지금도 난 말할 수 있다. 만약 내가 슬픔을 느낀다면 난 바로 표현할 것이다. 그 무엇보다도 글쓰기로 말이다.

"당신의 글에도 힘이 있다!"

글쓰기를 통해서만
글쓰기를 배울 수 있다

글은 자꾸 써볼수록 글의 문장력과 표현력이 늘어간다.
오직 글쓰기를 통해서만 글쓰기를 배울 수 있다는 것을 명심하라.

미국의 싱어송라이터이자 프로듀서인 스티비 원더Stevie Wonder에 대한 유명한 일화가 있다. 1950년 미국 출신의 그는 미숙아로 태어나 인큐베이터 속 산소 과다 때문에 실명이라는 장애를 가지고 태어났다. 눈이 보이지 않는 원더와 친구들이 함께 놀아주지 않아 그는 늘 외톨이었다고 한다.

누구도 그에게 관심이 없었던 어느 날, 수업시간에 실험용 쥐 한마리가 실험대를 빠져나가 교실 안으로 숨어버리는 사건이 일어났다. 모든 학생이 동원해 쥐를 찾아 나섰지만 끝내 찾을 수 없었다고 한다. 그때 어린 시절 모리스라는 이름을 가졌던 스티비 원더에게 선생님은 이렇게 말했다.

"이제부터 우리는 모리스에게 도움을 받을 거예요."

"모리스는 눈은 안 보이지만 여러분보다 뛰어난 청력을 가지고 있어요. 모리스! 너의 뛰어난 청력으로 쥐를 좀 찾아주겠니?"

그렇게 스티비 원더의 청력으로 쥐를 찾을 수 있었고, 수업 후 선생님은 이렇게 말했다.

"넌 우리 반의 어떤 친구도 갖지 못한 능력을 갖고 있어. 네겐 특별한 귀가 있잖니!" 하고 격려했다. 그 사건으로 인해 그의 인생은 달라졌다. 눈이 보이지 않는 것에 슬퍼하지 않고 뛰어난 청력을 인정받는 순간 인생에 자신감을 얻을 수 있었던 것이다. 훗날 음악으로 성공한 그는 다양한 악기를 다루며 가창력으로도 세상 모든 사람에게 인정을 받게 된다.

결혼을 하고 딸을 낳았는데 사랑하는 딸이 너무나 보고 싶어서 49세에 눈 수술을 받기 위해 병원에 찾아갔지만 시신경 파손 정도가 심해 수술을 해도 15분 정도 밖에 못 볼 것이란 소리를 듣게 된다. 그러나 원더는 간절히 애원했다. "15분이라도 좋습니다. 수술을 꼭 받고 싶습니다." 그 말에 의사가 "지금까지 미루고 안 하던 수술을 갑자기 하려는 특별한 이유라도 있습니까?"라고 물었다. 그러자 원더는 "사랑하는 사람들과 아름다운 세상을 한 번만이라도 보고 싶습니다"라고 답했다.

얼마나 간절했을까? 그런 간절함에 원더는 수술을 할 수 있었다. 하지만 수술은 성공하지 못했고, 그는 딸 앞에서 딸을 보며 예쁘다며 칭찬을 해준다. 딸에게 그 순간을 기억하게 하기 위함이었다. 그 뒤에 나온 곡이 바로 딸을 위한 〈이즌 쉬 러블리 isn't she lovely〉다.

나만 잘할 수 있는 것을 찾아라

누군가 낭비했던 시간이 스티비 원더에게는 딸을 단 한 번만이라도 볼 수 있었던 소중한 시간이었다. 단 15분만의 기적 같은 시간을 얻기 위해 수술을 결심할 만큼 간절했다. 이 소중한 시간으로 과연 당신은 무엇을 보고 있는가?

자신을 과소평가하고 오늘도 주저앉아 삶을 포기하고 있지는 않은지 모르겠다. 남보다 못한 것 같고 무슨 일을 하기 전에 걱정부터 하고 자신 없는 모습으로 소중한 시간을 낭비하고 있지는 않은가? 한 사람의 인생을 바꿔준 선생님의 한마디처럼, 당신을 위해 조언하고 위로하고 사랑해준 사람이 분명 있을 것이다. 우리는 인생에 귀 기울여야 한다. 언제 어느 순간에 나에게 기회가 올지 나의 마음을 바꿀 음성이 들릴지 알 수 없다. 그리고 인생에서 누군가를 만난다는 건 모두 인연이다. 그 인연의 소리에 귀 기울이기 바란다.

스티비 원더처럼 당신에게도 소중한 무기가 있다. 자기만 모르는 자기만의 무기가 반드시 있다. 그것이 어떤 것이든 자신 속에서 찾아보기 바란다. 어느 누구는 음식을 잘하는 능력이 있을 것이고 누군가는 말을 잘하는 능력이 있을 것이다. 그리고 누군가는 그림을 잘 그리거나, 만들기를 잘할 것이다. 이는 모두 자신의 능력이다.

그러나 본질을 못 찾고 나는 앞으로 무엇을 해야 하나 늘 고민과 걱정 속에 지내는 사람들이 허다하다. 당신이 좋아하는 것, 당신이 잘하는 것을 하면 더 행복하고 잘해낼 수 있다.

자신만의 글쓰기

생각해보니 나는 글을 잘 쓴다는 소리를 많이 들었던 것 같다. 정확하게 말하면 글보다는 글씨체였다. 초등학교 시절부터 글씨를 얼마나 크게 썼던지 공책 네모 칸에 글씨가 항상 넘어가서 선생님이 주위를 주곤 했었다. 글씨가 너무 크니 네모 칸 안에 들어가게 쓰라는 것이었다. 그러나 오히려 작게 쓰면 쓸수록 글씨가 잘 안 써졌다. 그런데 마음속에 이런 생각이 들었다.

'왜 꼭 네모 안에 들어가게 써야 되는 거지? 좀 넘어가면 어때서?' 이렇게 생각하고 나니 마음이 편해졌다. 그래서 내 스타일대로 그냥 큼직하게 써버렸다. 담임 선생님은 항상 그게 거슬렸던 것 같다. 그래도 왠지 자꾸 선생님한테 지적을 당하다 보니 글씨를 쓸 때마다 자꾸 '작게 써야 하나?' 하는 생각이 들어 글을 쓸 때마다 나의 생각을 방해했다. 그런데 중학교에 들어가서 국어선생님한테 전혀 다른 소리를 듣게 된다.

"어머, 너 글씨 참 큼직하니 시원하고 좋네? 글씨 참 잘 쓴다."

순간 너무 기분이 좋았던 기억이 난다. 글을 쓸 때마다 선생님의 말이 생각나 더 신나게 글을 썼던 것 같다.

'그래. 내 글씨체가 어때서, 이렇게 멋지게 봐주시는 선생님이 있는데…'

아마 그 후로는 정말 내 글씨체에 자신감을 가지고 글을 썼다.

세계 최고의 베스트셀러 작가 스티븐 킹 Stephen King 은 이렇게 말을 했다. "글을 쓴다는 것은 땅 속에서 화석을 발굴하는 일이며, 그 유물을 흠집 없이 끄집어내는 것이다. 그 화석은 조가비처럼 작을 수도 있고 티라노사우루스처럼 거대할 수도 있다. 그러나 스토리가 작든 크든 기술적인 접근방식은 같다"라고 말했다.

자신만의 글쓰기 속에 자신도 모르는 보물이 있다. 누군가의 마음을 울릴 수도 있고 웃길 수도 있는 힘이 있는 것이다. 삶의 의욕을 잃은 사람에게 삶을 찾아줄 수도 있고 길을 잃은 사람에게 길을 찾아줄 수도 있는 힘이 있다. 자신만 모르고 있다. 내 안에 무엇이 있는지 말이다.

일단 편하게 한번 써보길 바란다. 글쓰기는 계속 글을 쓰고 꺼낼 때에 비로소 그 가치를 드러낸다. 글을 쓸수록 나를 더 알아갈 수 있고,

나를 알면 상대에게 내 이야기를 더 잘 전달할 수 있게 된다. 처음부터 어떻게 써야 하나, 무엇을 써야 하나 고민하던 것들이 서서히 자신만의 글쓰기 스타일을 만나면서 자연스럽게 써지게 될 것이다.

글쓰기는 우리를 편안하게 한다. 또 자신을 찾는 데 도움을 준다. 글을 쓰면서 문제점을 해결할 수 있고 새로운 관점으로 사물을 바라볼 수 있게 되는 판단력을 갖게 된다. 다양한 표현을 적어보면서 지금 하는 생각보다 좀더 다르고 멋지게 표현할 수도 있다.

글쓰기는 결국 글쓰기를 통해서 배울 수 있다. 우리가 처음 책을 읽을 때 자꾸 틀리게 읽다가 읽을수록 점점 정확하게 읽고 빨리 읽게 되는 것처럼 말이다. 글쓰기의 능력은 결국 글쓰기에 있다.

누구나 쉽게 따라 하는
글쓰기 처방전

우리는 이미 많은 글을 쓰고 있지만,
상처를 치유할 수 있는 글쓰기를 한다면 더 유익할 것이다.

글을 쓴다는 건 내가 살아있고 숨을 쉰다는 것을 확인하는 것과도 같다. 내가 쓴 글을 통해 내가 변화되고 또 누군가가 변화될 수 있는 가장 좋은 방법은 글쓰기다. 그렇기에 많은 사람에게 글쓰기에 대해 적극적으로 권장하고 있다.

우리는 이미 너무도 많은 글을 쓰고 있지만 이왕이면 자신을 확인하고 상처를 치유하고 자존감을 찾을 수 있는 글쓰기를 한다면 더 유익할 것이다. 누구나 부담 없이 글을 쓸 수 있는 방법에 대해 몇 가지 전하고자 한다.

나만의 경험을 녹여내라

첫 번째, 나만의 경험을 글 속에 녹여내라.

글은 내 것이어야 한다. 나로 시작해서 나로 끝나야 진정한 내 글이 될 수 있다. 글은 또 정직해야 한다. 내가 경험한 사실들, 내가 느꼈던 감정들, 내가 보고 들었던 진실들을 써야 진정한 글이 된다.

가장 좋은 방법은 일기를 쓰는 일이다. 누구도 의식하지 않는 글쓰기, 하루를 돌아보며 그날의 일들 중 의미 있는 몇 가지만 적어보는 것이다. 좋았던 일을 쓰고, 그것을 삶에서 글 속으로 스며들게 하는 것이다. 그렇다면 그 글들은 있는 그대로 상대방에게 전해지고 함께 공감할 수 있을 것이다.

우리의 글은 육체적인 경험을 담고 있을 때 상대방의 마음을 움직이고 건드릴 수 있다. '쓸 만한 글이 있을까? 혹은 이런 글을 써도 될까?' 싶은 생각이 들 때가 있을 것이다. 그러나 나만의 경험은 오직 나만의 스토리로 향기와 함께 글로 나올 것이다.

비슷한 삶을 살았다 해도 똑같은 삶을 산 사람은 없다. 그렇기에 누구나 삶이 소중하고 다를 수밖에 없는 것이다. 자신의 이야기에 자신감을 가져라. 내 경험이 누군가에게 위로가 되고 치유가 되고 힘이 될 수 있음을 명심하라.

독일에서 태어난 유대인 소녀 안네 프랑크Anne Frank를 잘 알 것이다. 1941년 독일군이 네덜란드를 점령했을 때 강제수용소에 끌려가지 않으려고 2년 동안 작은 다락방에 숨어 지냈었다. 안네는 13세 때 생일 선물로 받은 일기장에 언제 발각될지 모르는 공포와 학교에 다니지 못하는 안타까움 등을 적었다.

안네가 그토록 필사적으로 원했던 삶을 대신한 것은 일기였다. 이것이 암담한 그의 삶에 한 줄기 빛이 되었다. 지금도 많은 사람에게 읽히고 있는 『안네의 일기 The diary of Anne Frank』다.

안네가 다락방에 숨어 지내며 썼던 일기처럼, 나도 순간순간을 극복하기 위해 수많은 일기를 썼다. 빈 종이에 내 마음을 꺼내다 보면 어느새 또 다른 내가 나와 있는 느낌이었다. 그래서 일기장이 무척 소중하게 느껴졌다. 한 권씩 쌓일 때마다 내 마음도 풍성해지는 느낌이었다. 요즘은 책이 나의 재산이라면 그 어린 시절에는 일기장이 나의 전 재산이었고 가장 소중한 물건이었다.

우리의 스토리와 아이디어는 언제 어디서나, 어느 순간에나 있다. 우리가 살아낸 하루하루가 모두 나의 스토리며 나의 글이 될 수 있는 가장 좋은 재료들이다.

오늘은 누군가에게 있어서 그토록 갈망하고 열망했던 하루이기도 하다. 우리에게 주어진 오늘 지금 이 순간 자신의 삶에, 자신의 이야기에 자신감을 가졌으면 좋겠다. 오늘은 나에게 두 번 다시 오지 않는 인생의 한 페이지다. 어쩌면 10년 후 돌아봤을 때 지금의 내가 그리울지 모른다. 나에게 주어진 이 시간, 오늘이란 하루, 그리고 남은 시간까지도 열심히 살자. 그리고 내 글에 자신감을 갖자.

말하듯이 자연스럽게 써라

두 번째, 나에게 말하듯이 자연스럽게 써라.

글은 내 앞에 누군가 앉아 있다 생각하고 말하듯이 쓰라는 말이 있다. 누군가와 편안한 대화를 나누듯, 그 사람이 내 이야기에 귀 기울이고 내가 하는 말을 이해하고 소통할 수 있도록 말이다. 상대방을 설득시키고 내 의사를 전할 수도 있지만, 글은 먼저 나를 변화시킬 수 있는 가장 좋은 방법이다. 글이 좋은 건 내가 나를 위로하고 나를 움직일 수 있기 때문이 아닐까 생각해본다.

내가 나를 가장 잘 알기에 나에게 말하듯 자연스럽게 꺼내면 된다. 아무도 없는 곳에서 나와의 대화를 시작하는 것이다. 물론 이것조차 처음에는 쉽지 않을 것이다. '나와 대화를 한다고?' 우리가 누군가와 대화를 할 때는 많은 것에 신경을 쓴다. 실수하지 않으려, 또 잘 전달하고자 한 번 더 생각하고 조심하며 말하게 된다. 그러나 나와의 대화는 무방비 상태에서 가능한 대화다.

언젠가 거울을 보며 앞에 있는 나에게 질문을 던진 적이 있었다. "넌 왜 그렇게 자신감이 없니, 넌 왜 너의 속마음을 전하지 못하니, 왜 그렇게 답답하니."

말을 던지는 내내 눈물이 났다. 나에게 말하는 내 모습조차 너무 답답해 보여서 말이다.

하지만 글을 쓰다 보면 내게 어떤 신념 같은 것이 생긴다. 자신감도 생기고 뭐든 할 수 있을 것 같은 마음이 들기 시작한다. 그리고 내게 무엇이 부족한지, 내가 무엇을 고쳐야 하는지 아주 정확히 보이기 시작한다. 이렇게 글쓰기를 잘하기 위해서는 자기 자신을 먼저 잘 들여다보아야 한다.

침묵도 기다려주고 실수도 받아주고 화도 풀어준다. 『유혹하는 글쓰기 On writing』의 작가 스티븐 킹은 이렇게 말했다. "쓰고 싶은 것은 무엇이든지, 정말 뭐든지 써도 좋다. 단 진실만을 말해야 한다"라고 말이다.

글을 쓰다 보면 잔잔한 호수 앞에 있듯 편안할 때가 있는가 하면 살얼음을 걷듯 조심스러울 때가 있다. 또한 감정의 파도를 고스란히 온몸으로 받아가며 앞으로 나아가야 할 때가 분명 있을 것이다. 그러한 모든 감정을 숨기거나 꾸미거나 거부해서는 안 된다. 때로는 화려한 기교도 부려보지만, 오직 있는 그대로 정직하게 자신을 꺼내야 된다.

또한 자기가 쓴 글을 소리 내서 읽다 보면 어떤 낱말과 어떤 표현이 더 자연스러운지 부자연스러운지 감각적으로 판단할 수 있게 된다. "나는 할 수 있다." "나는 무슨 일이든 해낼 수 있다."

한번 써보라. 짧지만 강력한 힘이 있다. 그리고 에너지가 나온다. 글로 써놓고 매일 되뇌인다면 어느새 나는 무슨 일이든 해내고 있을 것이다.

하루에 한 줄이라도 꼭 쓰자

세 번째, 하루에 한 줄만이라도 써라.

나는 최근 들어 독서모임을 통해 '하루 한 줄 감사일기'를 쓰기 시작했다. 아침을 시작할 때 감사할 수 있는 글과 하루를 마감하며 감사하는 글을 쓰고 있다. 감사하다를 자주 말하는 편이었지만 막상 글로 쓰려 하니 어떤 감사거리가 있을까 찾게 되었다. 하지만 매일 한 줄이라도 쓰다 보니 일부러 감사할 것을 찾지 않아도 감사일기가 써지고 있었다.

글쓰기에 있어서 가장 중요한 것은 '습관'이다. 쓰는 것에 익숙하지 않고 습관이 되어 있지 않은 사람은 한 줄만 쓰라는 말조차 부담이 될 수도 있다.

아마도 '내가 쓸 수 있을까?' 하는 의문에서 글을 쓰다 보면 '나도 쓸 수 있다'는 자신감으로 어느새 바뀌어 있을 것이다. 글쓰기는 재능이 아니라 쓰면서 실력이 늘어나는 하나의 기술이나 마찬가지다. 글을 많이 쓰다 보면, 쓸 거리가 줄어드는 것이 아니라 더 많아진다. 마치 친한 친구와 매일 만나도 할 이야기가 많은 것처럼 말이다.

과학이 입증한 '66일의 반복'이란 연구결과가 있다. 심리학자 필리파 랠리Phillipa Lally 교수는 새로운 습관을 정착시키는 데 시간이 얼마나 걸리는지 알아보려고 한 가지 실험을 고안했다. 실험에는 평균 27세 100여 명이 참석해 매일 15분 걷기, 점심마다 과일 먹기, 매일 아침 윗몸 일으키기 50번 중에서 한 가지를 선택해서 84일간 지속하는 연구였다. 실험 결과 특정 행동이 습관으로 정착되기까지 평균 66일이 걸렸다고 한다. 결과적으로는 66일이 지나면 새로운 행동이 자동으로 굳어져 생활의 일부가 된다는 것이다.

이렇게 하루 한 줄이라도 쓰는 습관이 삶의 일부가 될 수 있다. 한 줄이라도 써라. 쓰다 보면 제대로 된 글이 써지기 시작한다. "수영도 하루아침에 잘할 수 없듯이 글쓰기에도 연습이 필요하다"라고 『행복한 글쓰기Writing magic』의 저자 게일 카슨 레빈Gail Carson Levine은 말했다. 글은 결코 자신의 능력보다 잘 쓸 수도 못 쓸 수도 없다. 잘 써지는 날이 있는가 하면 한 줄도 못 쓰는 날이 생기기도 한다. 다만 자꾸 생각하고 쓰다 보면 조금씩 감각을 찾게 되고, 결국 글도 좋아지게 되는 것이다.

미국에서 가장 명성 높은 헤지펀드 매니저이자 기업가, 베스트셀러 작가인 제임스 알투처James Altucher는 매일 아침 메모장이나 작은 공책에 아이디어 10가지를 적는 습관을 들이라고 강력하게 권한다.

그는 이렇게 말했다. "이 연습은 '아이디어 근육'을 발달시키고 필요한 상황에서 창의력을 발휘할 수 있는 자신감을 키워준다. 아이디어의 주제는 무엇이든 상관없다. 중요한 건 꾸준한 연습이다."

생각이 나지 않을 때는 낙서를 해도 좋으니 무조건 펜을 들고 앉아라. 그 속에서 글이 만들어질 것이다. 무슨 말을 써야 할지 모를 때 내가 하는 방법 중 하나는 책 속의 한 줄이다. 좋은 명언들이 참 많이 나와 있다. 그 명언들을 한번 읽어보고 써보는 것이다.

난 명언들만 따로 적어두는 노트가 따로 있다. 언제든지 성공, 사랑, 친구 등 많은 사람의 유명한 명언들을 적어놓고 한 번씩 되뇌곤 한다.

카카오톡 메신저 메인에도 좋은 글귀를 옮겨놓고 한번씩 보고 읽어본다. 누군가의 마음의 한 줄이 다른 누군가의 삶의 한 줄이 되어 영향력을 발휘하는 순간들이 분명 있다. 주저앉은 사람을 세우기도, 포기한 사람에게 희망을 주기도 한다. 자꾸 쓰면서 읽고 생각하다 보면 어느새 그 명언들이 내 글 속에 녹아 내 글이 되어간다.

나만의 공간을 찾아라

네 번째, 조용한 나만의 공간을 찾아라.

글을 잘 쓰기 위한 조건이나 환경을 만드는 일은 중요하다. 그곳이 집안이라면 마음 편하게 차 한 잔하며 글을 쓰기 적당한 곳이 분명 있다. 물론 한정된 공간이라 쉽지 않으며 방해도 많이 받을 것이다. 그러나 만들 수 있다. 누군가 항상 같은 자리에 앉으면 그 자리가 그 사람의 자리가 되어가듯 집안에서도 글을 쓰는 자리를 만들고 자꾸 보여주면 나중에는 그 자리를 비켜준다.

만약 집안에서의 공간이 여의치 않다면 카페를 권한다. 요즘은 많은 카페가 혼자 오는 학생이나 직장인들을 위해 많은 배려를 해준다.

예전에는 혼자 2~3시간 동안 앉을라치면 눈치가 보여 나오곤 했지만 요즘은 시대가 변했다. 아마 반나절 앉아 있어도 누구 하나 간섭하는 사람이 없을 정도다.

그래서 난 긴 시간 글을 써야 할 경우에는 작은 카페보다 널찍한 큰 카페를 자주 이용한다. 그럼 눈치 보지 않고 맘껏 글을 쓸 수 있기 때문이다. 하지만 글을 쓰는 공간이 항상 같은 곳일 필요는 없다. 이왕이면 다홍치마라고 더 좋은 카페, 더 조용한 카페를 선택하라.

나는 가끔 집 앞에 위치한 호수공원을 많이 이용한다. 푸른 잔디와 시원하게 뻗은 나무 아래 그늘진 곳에 앉아 간간이 햇볕도 쬐고 불어오는 바람도 맞으며 글을 쓰다 보면 어느새 기분까지 좋아진다. 특히 호수 앞에 위치한 벤치에 앉아 눈을 감으면 어느새 마음이 편안해진다. 그렇게 한참을 눈을 감고 있으면 나도 모르게 시상이나 영감이 떠오른다.

1996년 9월 미국 과학전문지 〈뉴사이언티스트〉는 호주 시드니 공대UTS의 L. 키커L. Kicker 박사 팀이 사람이 눈을 감았을 때와 떴을 때 뇌파 중에서 알파파(8~13Hz 영역)의 비율이 눈에 띄게 달라진다는 사실을 발견했다는 기사를 게재한 바 있다. 눈을 감으면 무려 2~3배나 많은 알파파가 나타난다고 한다. 알파파는 정상적인 성인이 긴장을 풀고 휴식하는 상태에서 생기는데 뇌세포가 활성화된 상태로 아이디어가 잘 떠오르는 상태이다. 누구나 깊은 생각에 빠질 때는 자신도 모르게 눈을 감는데, 이는 몸 스스로 눈을 감으면 아이디어가 잘 떠오를 수 있는 환경을 제공해 주기 때문이다.

　주말에는 도서관을 이용한다. 공부하는 학생들만 가는 곳으로 생각했던 내 편견이 글을 쓰면서부터 깨지기 시작했다. 학생 때 그렇게도 집중이 안 되던 곳인데 지금은 마흔이 훌쩍 넘어서 가방을 메고 도서관을 찾고 있다. 그곳에 가면 절대 그냥 돌아올 수 없게 된다. 많은 학생이 어찌나 열심히 공부하며 책을 보는지 그 에너지가 강력하다.

　이렇게 나만의 공간을 찾아서 글을 쓰기 바란다. 자신이 글을 잘 쓸 수 있고 생각이 잘 날 수 있는 곳, 분명 그런 장소가 있다. 글이 잘 써지는 장소나 환경 속에 자신을 자꾸 노출시켜야 더 좋은 글과 만날 수 있다. 이왕이면 에너지 넘치는 곳에서 나의 에너지를 발산하라. 아마도 배가 되어 나의 운을 움직일 것이다.

　글쓰기는 어려운 게 아니다. 내가 관심을 가지고 쓰고자 하면 쓸 수 있는 것이 글쓰기다. 글은 결국 메시지를 전달하기 위해서다. 잘 안 써지는 이유는 글에 욕심을 내기 때문이다. 사람들을 의식하고 내 글에 대한 반응에 대해 미리 염려하고 걱정할 때 글은 그 순간부터 어려워지게 마련이다. 누군가에게 내 마음을 전하고 내 뜻을 전하고 내 생각을 전하는 것, 그리고 내 주장을 펼 수 있는 게 글쓰기다.

　듣고 흘리는 것이 아니라 가슴깊이 남게 만드는 글쓰기 말이다. 그 가운데서 나의 상처도 아픔도 외로움도 사라질 것이다. 작은 습관으로 누구나 쉽게 쓸 수 있는 글쓰기를 통해 나를 변화시키자. 나를 만드는 건 결국 나다. 나다운 글쓰기, 나만의 향기가 나는 글쓰기를 써라.

글쓰기의 힘은 정말 무한하다.
더 이상 아무것도 하기 싫고 아무 말도 하기 싫을 때에도
글을 통해서라면 당신의 마음은 조금씩 움직일 것이다.

손바닥으로 하늘을 가린들 가려지는 게 아니듯이 세상 어디
에도 숨을 곳은 없다. 숨지 말고 당당하자. 세상 어디에서나
인정받고 최고가 되기 위해서는 내가 언제나 당당해야 한다.
글을 쓰다 보면 절대 외롭지 않고 혼자서도 당당하게 즐기
며, 어디서나 빛나는 사람이 될 수 있다. 내가 살아낸 인생에
대한 소중함을 잊지 말자.

5장

어디에도 숨을 곳 없다,
자존심보다 글쓰기

내 마음을 움직이고
알아가는 글쓰기

글은 쓰면 거울에 비치는 내 모습처럼 나의 모습이 그대로 보인다.
그때부터 나를 자세히 보게 되고 알아가게 된다.

문득 3년 전 수기 공모전에 참여했던 때가 생각난다. 편집디자인에 권태감을 느낀 나는 인터넷을 통해 여러 곳을 둘러보게 되었다. 그러다 내 눈에 들어온 공모전이 있었다. 롯데그룹에서 직장 일과 육아를 병행하는 전국의 워킹맘을 대상으로 수기 공모전을 진행한다는 공모였다.

'워킹맘? 난데? 한번 써볼까?'

이렇게 생각이 미치자 바로 공모전에 대해 자세히 읽어본 후 본격적으로 글을 쓰기 시작했다. 접수 마감일은 딱 일주일 후였다. 수기는 워킹맘으로서 느낀 고민과 일상 이야기, 출산 및 육아로 인한 경력단절 후 복귀 사례, 워킹맘에게 도움이 되는 가사 분담의 노하우와 경험 등을 주제로 누구나 참여할 수 있으며 분량은 A4용지로 5장 안팎이면 된다고 했다. 망설일 이유가 없었다.

수기 공모전은 처음이었기에 어떻게 써야 할지 좀 막막했지만 이 또한 내 스타일대로, 있는 그대로, 생각나는 그대로 글로 옮겨 적기 시작했다.

나를 알아가는 글쓰기

결혼하고 아이들 키우며 일하는 워킹맘으로 살아간다는 건 정말 힘든 일이다. 그러나 그 일상의 고충과 힘듦을 하루하루 일기로 써보긴 했어도 처음부터 끝까지 삶의 과정을 꺼내본 적은 없었다.

막상 그 일상과 과정을 A4용지에 써내려가기 시작하니 나의 일상이 고스란히 드러나기 시작했다. 그리고 생각보다 내가 더 힘들게 살고 있음을 알게 되었다. 내가 쓴 글을 다시금 읽어 내려가자니 '내가 이러고 어떻게 살아온 거지? 도대체 어떻게 버틴 거야?' 정말 대단하다고 생각했다. 지인들이 항상 나보고 "너 정말 대단하다. 그리고 어떻게 사냐?" 했던 말이 기억나면서 실감하게 되었다.

하루가 정말 빠듯하고 내가 보이지 않았다. 시아버님을 모시고 살았기에 내 자유도 없었다. 아이들은 어렸기에 내 시간도 없었다. 정말 어느 순간은 숨이 턱 막혔다가 어느 순간은 우울했다가 또 어느 순간은 어이가 없을 정도였다. 그렇게 공모를 하고 기다리던 중 한 통의 이메일을 받았다.

"이상주 디자이너님, 보내주신 원고 정말 잘 읽었습니다. 저는 이제 30개월 딸아이를 둔 초보 워킹맘인데 보내주신 글을 보면 참 존경스럽습니다. 본 행사를 하면서 글로 만나게 되는 워킹맘 선배들이 다시 한 번 대단하다는 생각을 하면서 진솔한 수기를 응모해주셔서 감사하다는 말씀드립니다. 좋은 결과 있으시길 바랍니다. 건강한 여름 보내세요. 감사합니다."

공모전 담당자도 나와 같은 워킹맘이었다. 당선된 것도 아닌데 담당자의 따뜻한 메일을 받고 나니 왠지 나도 모르게 기분이 좋아졌다. 누군가가 나의 글을 읽어주고 나의 글에 공감해주고 나의 마음을 알아준다는 게 너무 즐거웠다. '이래서 글을 쓰는구나'라는 생각이 들었다.

결국 합격자 명단에 오르진 못했지만 글을 쓰면서 몰랐던 내 마음도 알게 되고 내가 무엇을 좋아하는지도 알게 되는 소중한 시간이었다. 그러면서 나를 돌아보고 위로하기 시작했다. 결코 헛된 시간은 분명 아니었다. 그리고 그 글을 쓰고 발표 날까지 기다리던 그 설레던 순간들이 얼마나 무기력했던 내 삶에 희망을 주고 힘을 주었는지 생각해보면 결코 서운하게 생각할 일만도 아니었다.

나와 마주보는 글쓰기

글을 쓴다는 것, 그것은 바로 거울 앞에 비친 나를 보는 행위였다. 글을 쓰는 순간부터 내 얼굴에 있는 점이나 주근깨들이 더 자세히 보이는 거울처럼 그렇게 나를 드러내자 내가 보이기 시작했다. 글을 쓰면서 나의 모습이 있는 그대로 보였던 것이다. 그 어떤 것으로도 드러나지 않던 내가 오직 글로써 드러나기 시작했던 것이다. 그리고 그 순간부터 나를 조금씩 알아가게 되었다. 그것만으로도 참 소중한 순간이었다.

글을 통해 나를 만나고 나를 알아간다는 것은 큰 발견이다. 그리고 행복한 마음으로 글을 쓰다 보면 글을 통해 내 목소리도 나온다. 마음과 목소리를 누군가 나의 책 속에서 단 한 줄의 글귀라도 만날 수 있다면, 책의 두께와 상관없이 한 권의 책 이상으로 무척이나 긍정적인 영향력을 발휘할 것이다.

글을 쓰면서 변화하길 바란다. 변하고 싶은 자신의 마음을 알아가기 바란다. 분명 자신도 모르는 사이에 자신의 마음을 알아갈 것이다. 솔직하게 누구보다 먼저 자기 자신에게 보여준다는 것은 결코 쉬운 일이 아니다.

솔직하다는 것, 솔직하게 말하고 글을 쓴다는 것은 누구에게나 어려운 일이다. 어쩌면 큰맘 먹고 책상 앞에 앉아야 하는 숙제 같은 일일 수도 있다. 그것은 결국 자신의 존재이유를 알게 되는 일이고 자신을 자연스럽게 치유하는 길이기도 하다.

글쓰기로 유명한 작가 줄리아 카메론Julia Cameron은 그녀의 친구 그웬이 죽기 전에 한 말을 이렇게 써놓았다. "이런 처지가 되고나서 깨달은 교훈을 두 가지만 말해줄게. 하나, 순간순간을 살아. 언제까지 살지 모르니까. 둘, 네가 하고 싶은 일이 있으면 '지금'해. 기다리지 말고. 나는 은퇴하면 진짜 글쓰기를 하려고 미뤄두었어. 그런데 시한부 판정을 받는 순간 깨달았지. 내가 정말 하고 싶었던 건 글쓰기였다는 걸."

자신이 정말 하고 싶었던 건 글쓰기였다는 말이 뇌리에 떠올랐다. 나 또한 그랬음에도 내가 정말 하고 싶었던 것을 미루고 다른 일을 하고 있었다는 것을 알게 되었다. 세월을 버리고 시간을 낭비했던 지난날의 소중함을 알았을 때는 이미 많은 시간이 그렇게 흐른 뒤였다. 항상 '언젠가는 해야지!' 그 기약 없는 '언젠가'만을 되뇌였던 나였다. 하지만 내가 살아온 하루하루가 나의 스토리가 되어 나의 글을 재촉하고 있다.

또 소설가 파울로 코엘료Paulo Coelho는 『마음의 힘 The Power of the Heart』이란 책에서 이렇게 말을 했다.

"내 경우를 예로 들자면, 글을 쓰기 시작할 때만 해도 나는 내가 글로 먹고 살게 될 줄은 전혀 생각도 하지 못했다. 내가 글을 쓰고 있던 것은 그저 쓰고 싶었기 때문이었을 뿐 나에게 선택의 여지 따위는 없었다. 결국 나는 글을 써서 단순히 돈을 번 정도가 아니라 꽤 큰돈을 벌었다. 모두가 이렇게 말한다. '파울로 코엘료가 할 수 있다면 우리도 할 수 있어'라고 말이다."

그렇다. 우리도 할 수 있다. 글을 써서 돈을 벌겠다는 생각을 하고 처음부터 글을 쓴 사람은 없을 것이다. 글은 아주 자연스럽게 우리가 접하는 가장 원초적 본능인 것이다. 글을 쓴다는 것은 나를 알아가는 행위다. 나를 또 다른 세계로 움직이게 하고 나의 길을 열어주는 행위임에 분명하다.

어두운 독방에 자신을 가두지 말고 꺼내기 바란다. 세상 그 어디에도 숨을 곳은 없다. 빛이 비추는 순간 나의 모습이 보이듯 글을 쓰는 순간 나의 모든 삶이 그대로 보이고 내가 보이고 내 마음이 보일 것이다. 오늘 나의 마음을 알아가는 글쓰기, 한번 도전해 보는 건 어떨까.

글로 표현하는 데
익숙해져야 한다

글은 나의 감정을 꺼내고 보여주는 유일한 방법이다.
글을 통해 나를 표현하고 글에 반응하는 나의 마음에 익숙해지자.

펜과 종이만 있으면 할 수 있는 일, 바로 글쓰기다. 말보다 쓰기를 더 잘한다고 자신하는 사람은 드물다. 직업적으로 글쓰기를 하는 사람 이외에는 글 쓸 일이 드물어서다. 그만큼 글 쓰는 일이 없어졌다는 이야기다.

물론 SNS를 통해 손가락을 놀리는 정도는 많아졌지만 실질적인 수기 글쓰기는 많이 줄어들었다. 편지는 더욱 그렇다. 이제는 이메일로 모든 것을 주고 받고 있다. 내가 갖고 있는 장점과 단점, 그리고 살아온 삶을 잘 표현할 수 있는 방법은 글을 쓰는 것이다.

말은 깊이를 담아 생각과 그 뜻을 잘 표현하기 어렵지만 글은 생각과 지식, 경험들을 아주 구체적으로 풀어놓고 표현할 수가 있는 유일한 방법이다. 시대가 바뀌어 종이책보다 전자책을 이용한다지만 아직도 종이책을 선호하고 보게 되는 아날로그적인 향수가 우리에게 있듯이, 글 또한 메일이 아닌 나의 손으로 쓰고 지우고 고치면서 한 줄 한 줄 써내려가는 맛은 그 어떤 것과도 비교할 수 없다.

글을 써서 내 마음을 표현한다는 것은 어쩌면 무의식적으로 이미 하고 있는지도 모른다. 우리가 전화를 받을 때 손에 펜이 쥐어져 있다면 내 손이 어떻게 움직이고 있는지 자세히 관찰해보라. 무의식적이라지만 통화하는 내용이 적히기도, 통화하면서 내가 느끼는 감정이 나오기도, 빨리 끊고 싶고 요동치는 내 마음이 동그라미를 그려대며 낙서를 하고 있을 것이다. 또 느껴지는 감정변화에 따라 펜으로 그래프처럼 위아래로 그어질 때가 있다. 작은 낙서의 습관에서 우리의 글쓰기는 시작된다. 마치 어린아이가 처음 펜을 들고 알 수 없는 문자를 그으며 낙서하듯 말이다.

글의 힘은 강하다

사람은 누구나 본능적으로 표현하고 싶은 욕구를 갖고 태어난다. 아기들이 배가고플 때 울어대고 기저귀가 젖었을 때 울음으로 말을 표현하듯이 커갈수록 자신의 감정을 표현하고 드러내기 시작한다. 울어야 엄마가 아이에게 필요한 것을 채워주듯이 우리들도 표현을 해야 된다.

나를 표현하는 것은 말하고 쓰는 일이다. 말은 직접적이라면 글은 간접적이라고 할 수 있다. 글을 쓰다 보면 나의 상상력, 나만의 생각이 나온다. 말해보고 써야 내가 누군지 알고 상대방이 나의 감정을 알게 된다.

글쓰기도 말하기처럼 잘 하기 위해서는 지속적인 연습이 필요하다. 자꾸 글로 표현하는 방법을 배워야 한다. 글을 쓰다 보면 내 삶의 방향을 바꿀 수 있는 힘이 생긴다. 물론 한두 번 글을 쓰는 것만으로 그 엄청난 힘을 느끼려는 건 욕심이다. 꾸준히 써야 한다. 우리가 움직일 에너지를 얻기 위해 날마다 물과 음식을 섭취하듯, 그렇게 매일 꾸준히 한 줄이라도 써야 하는 것이다.

글이 얼마나 큰 힘이 있는지 보여주는 사례가 있어 소개하겠다. 『물은 답을 알고 있다 水は答えを知っている』의 저자 에모토 마사루 江本勝는 인간의 생각이 물에 전달되면 물이 얼었을 때 그 결정의 모양이 아름다워지거나 추해진다는 주장을 해 널리 알려진 사람이다. 그는 물에 기도를 하거나 종이에 글자를 적어서 물을 담고 있는 용기에 두르면 그것이 가능하다고 주장한다. 그의 주장은 주류 과학계에서는 의사과학으로 받아들여진다.

에모토 마사루 박사의 실험을 좀더 깊이 살펴보자면 일본 IHM 종합연구소의 소장인 그는 한쪽 유리병에 물을 담아놓고 '사랑' '감사' 등의 단어를, 다른 병에는 '증오' '악마' 등의 단어를 써서 붙여놓았다. 한 달 후 물 입자를 분석해봤더니 물의 결정체가 너무도 판이하게 달라져 있었다고 한다. '사랑' '감사' 단어를 붙인 왼쪽 물은 곧고 반짝이는 아름다운 육각형의 다이아몬드 결정체로 변해 있었다. 반면 '증오' '악마' 등 부정적인 단어가 붙어 있던 결정체는 형태가 흐리고 기형적이며 어둡게 일그러져 있는 모습으로 변해 있었다.

참으로 놀랍지 않은가? 우리가 흔히 말로 화분이나 물이나 꽃을 통해 변하는 모습에 대해 많이 듣고 보긴 했지만, 이렇게 글자를 써놓는 것만으로도 물의 결정체가 변하는 걸 본 적은 없었다. 단어에 담긴 사람의 마음을 두뇌도 없고, 글자도 안 배운 물이 어떻게 읽어냈을까? 정말 신기한 일이다. 이 실험은 우리가 매일 먹는 밥에도 똑같이 긍정적인 단어와 부정적인 단어를 붙여놓고 실험을 해봤는데 한 달 후 살펴보니 같은 증상이 나타났다고 한다.

'감사' 단어를 붙여놓은 밥은 잘 발효된 누룩냄새를 풍기고 있었던 반면, '증오' 단어가 붙어 있는 밥은 곰팡이가 슬었고 검게 썩어 악취가 진동했다고 한다. 이 또한 이상한 일이다. 밥이 어떻게 글자를 인식하고 서로 다른 증상을 보였는지 말이다. 이 실험에 의문을 품은 세계 각지의 많은 사람이 너도나도 여러 나라 말로 직접 실험을 해봤다는데 어김없이 똑같은 결과가 나왔다고 한다.

이것이 글의 힘이다. 쓰는 그 순간부터 움직이는 것, 그것이 꿈이라면 꿈의 길로 나를 움직여주고, 그것이 용서라면 용서와 화해 사이로 나를 움직여준다. 그래서 쓰면 이루어진다는 말이 나오는 것이 아닐까?

이왕이면 좋은 글을 써보도록 하자. 하루 중 감사한 일을 써보는 습관을 들여 보자. 주변을 둘러보면 아무것도 가지지 않고 태어난 내가 얼마나 많은 것으로 내 주변을 채우고 있는지, 나에게 있는 게 얼마나 많은지 감사하게 될 것이다. 그 감사를 하나씩 풀어내보자.

글에 반응하는 마음

나도 처음에는 글로 내 마음을 표현하는 데 익숙하지 않았다. 반복되는 일상처럼 내가 쓰는 글은 어제와 다를 바 없었다. 그리고 항상 그리움과 외로움이 지면을 거의 채우곤 했었다. 하지만 그렇게 우울한 마음을 쓸수록 내 기분은 더 우울해져갔다. 그래서 생각을 바꿔 감사한 일을 찾기로 했다. 엄마가 돌아가셔서 항상 울던 친구가 있었는데, 그 친구를 생각하니 '부모님이 곁에 없어서 그립고 외로운 마음을 그래도 살아계시니 얼마나 다행인가, 언젠가는 만날 수 있으니 얼마나 희망적인가'로 바꿔 생각하며 글로 쓰기 시작했었다.

프린스턴 대학 심리학자 라딘 박사의 "감사와 사랑의 마음으로 음식을 먹으면 영양분 흡수율이 높아진다"라는 말도 있다. 하물며 매일 감사하는 마음으로 글을 쓰거나 감사 일기를 쓴다면 당신에게 얼마나 좋은 긍정에너지가 발산되겠는가. 그 에너지는 자신의 가족, 이웃, 그리고 친구들에게도 좋은 영향력을 끼칠 것이다.

내가 글을 쓰게 된 것은 글을 쓰면 외롭지 않아서였다. 글은 용서도 가능하고 치유도 가능했다. 내가 소리 지르지 않아도 대신 나의 감정을 꺼내주고 나를 위로해줬다. 꼭꼭 숨어 있던 마음들이 그 순간은 온전히 밖으로 나와 나를 만나곤 한다. 짧은 시간이라도 글을 쓰는 동안에는 정말 행복하고 외롭지 않았다.

글을 쓰는 동안은 나에게 집중하게 된다. 또한 현재에 집중하게 하는 힘도 생겨난다. 자꾸 표현해서 글로 써보기 바란다. 글을 통해 나를 표현하고 나 스스로 나에게 익숙해지면 더 나은 나의 삶을 만들어 갈 수 있다.

혼자서도 당당하게
살고 싶다면 적어라

혼자서도 당당하게 즐기며 어디서나 빛나는 사람이 되라.
나에게 주어진 혼자만의 시간을 즐길 줄 아는 사람이 진정 행복한 사람이다.

"모든 이가 널 좋아할 수는 없다. 모든 사람이 다 너를 좋아할 수는 없다. 너도 싫은 사람이 있듯이 누군가가 너를 이유 없이 싫어할 수 있다. 그렇다고 해서 네가 달라지는 것은 아니다. 그런 상황도 받아들일 수 있어야 한다. 항상 너는 너로서 당당하게 살아가야 한다."

저자 김형모의 책 『나의 선택』의 한 대목이다. 이 글을 처음 보았을 때 왠지 나에게 이야기해주는 착각마저 들었다. 움츠러 들어 있는 나에게 누군가 어깨를 토닥여주며 힘내라는 위로처럼 들리기도 했다. 그 어떤 시선으로 인해 내가 달라질 이유는 없다는 것, 다른 사람 신경 쓰지 말고 너로서 당당하게 살아가라고 힘을 주는 것만 같았다.

앞 글귀와 딱 맞는 영화를 얼마 전 보게 되었다. 〈위대한 쇼맨The Greatest Showman〉이라는 뮤지컬 영화다. 화려한 오프닝을 시작으로 처음부터 마음을 확 잡아버린 영화, OST는 물론 무대연출과 배우들의 화려하고 멋진 군무까지 마치 한 편의 뮤지컬을 눈앞에서 관람한 듯 했다. 이 영화는 쇼 비즈니스의 창시자 '바넘Barnum'의 이야기에서 영감을 받아 탄생한 오리지널 뮤지컬 영화라고 한다. 무일푼에서 시작해 화려한 쇼를 만들어 전 세계를 매료시킨 독창적인 한 남자의 이야기를 그렸는데 참으로 매력적이었다.

주인공은 사회에서 버림받고 외면 받은 사람들을 모아 쇼를 올린다. 그의 제안을 받은 사람 대부분이 처음에는 '무엇을 할 수 있을까? 남들 앞에 떳떳이 나설 수 있을까?' 하는 생각을 갖게 된다. 그러나 자신의 존재감을 찾고 자존감이 생겨나자 엄청난 에너지를 뿜어내기 시작한다. 돈을 벌기 위한 수단에 이용된다는 것을 알지만 자신을 받아주고 자신의 재능을 이해하고 자신의 정체성을 찾아준 주인공에게 깊은 신뢰를 드러낸다. 그리고 시련이 닥쳤을 때는 늘 받아왔던 고통이었기에 모든 순간을 잘 극복해나간다. 주인공에게 위기가 닥쳤을 때는 오히려 힘을 주고 다시금 일어설 수 있게 하는 우정을 보여준다. 한마디로 이 영화는 용기와 응원을 선물하는 영화였다.

개성 있게, 자신 있게, 당당하게

이 영화에 나오는 사람들처럼 어쩌면 나도 누군가에겐 비호감일 수도 있는 일이다. 내가 누군가를 이유 없이 싫어했던 기억처럼 누군가도 분명 나에게 이유 없는 반감을 갖고 있을 수 있는 일이다. 나 스스로 내 단점을 숨기려고 꼭꼭 숨고서는 사람들이 날 싫어한다고 생각했을 수도 있는 일이다. 아무도 신경 안 쓰는 외모나 성격이나 환경을 가지고 내가 먼저 마음의 문을 닫았을지도 모르겠다.

분명한 건 남의 시선이 무섭고 두려워 숨는다면 나로서의 존재감은 사라진다는 것이다. 그러나 나 자신을 사랑하고 나를 인정한다면 그 어떤 시선도 두렵지 않을 것이다. 남들의 시선을 의식하고 피하느냐 아니면 그 시선을 당당하게 받아들이고 맞서느냐는 자신의 소신이며 선택이다. 자신의 다른 면을 오히려 드러내고 자신의 목소리를 찾았으면 좋겠다.

내가 두려웠던 시선을 견딜 수 있었던 것은 글쓰기였다. 외로울 때마다 썼던 글을 통해 외롭지 않다고 주문을 외우곤 했다. 실제로 주문을 외우다 보면 난 외롭지 않고 혼자가 아니었다. 또 글을 쓰다 보면 정확한 나를 발견한다. 내가 무엇을 좋아하고 무엇을 싫어하는지, 그리고 내가 앞으로 무엇을 해야 하는지 아주 명확하게 알게 된다. 자신의 생각을 말하고 써라. 나의 말과 글이 상대방을 설득하고 상대방의 마음을 움직이게 될 것이다.

〈대종상 영화제〉 시상식에서 수상소감을 말하는 도중 관계자의 실수로 유명세를 탔던 영화배우가 있었다. 영화 〈동주〉에서 존재를 알리고 〈박열〉로 충무로의 차세대 주자임을 각인시켰던 배우 최희서가 그 주인공이다. 데뷔한 지 8년 만에 신인 여자배우상을 탔다는 그녀는 영화와 연극·드라마를 오가며 꾸준히 연기했지만 대단한 반응은 오지 않았다고 한다.

드라마를 제외하면 교통비 정도만 받았고 무보수로도 출연하고, 오디션에도 여러 번 떨어졌다고 한다. 긴 시간을 무명으로 지내던 그녀는 지하철에서 대사 연습을 하다가 〈동주〉의 각본을 쓴 신연식 감독의 눈에 띄었다. 얼마나 열심히 대본연습에 임했을지 그녀의 노력이 엿보였다. 그녀에게는 대본노트가 따로 있었다. 인물 관계도부터 일본어로 해야 되는 대사가 빼곡히 적혀 있었고 자신이 만족할 때까지 연습해서 만족했을 때 바를 정 '正'자를 썼다고 한다. 얼마나 많은 글을 쓰고 얼마나 많은 연습을 했을지 손 바랜 그의 노트에서 짐작할 수 있었다.

나 또한 메모하는 습관이 있어 항상 강연을 듣거나 수업을 들을 때면 노트에 받아 적곤 했었다. 분명 듣다 보면 놓치는 부분들이 있고 다 기억할 수 없기 때문에 적는 습관은 참 중요한 것 같다. 사람에게 자신의 노력에 대한 결과는 반드시 있다고 생각한다. 그렇기에 노력하는 자에게는 기회가 오고 준비한 자에게는 기회를 확실히 잡을 수 있는 능력이 생기는 것이다.

그녀가 만약 긴 무명을 견디다 못해 자신의 꿈을 포기하고 다른 길을 갔더라면 아마 지하철에서의 행운은 사라졌을 것이다. 꿈을 가지고 자신을 사랑하고 자신을 믿고 당당하게 살아갔기에 좋은 행운과 기회를 얻었다고 본다.

혼자서도 당당하게 살아가기

"타인을 기쁘게 해주는 것이 당신 삶의 목적이라면 모두가 당신을 좋아하게 될 것입니다. 당신 자신만 빼고 말이지요"라고 소설가 파울로 코엘료Paulo Coelho는 말한다. 자신만을 돌아보라. 진정으로 나를 위해 난 행복하게 살고 있는지 점검해볼 필요가 있다. 우리가 사람들과 어울려 살아가면서 드는 외로움이나 두려움은 피하는 것만이 능사가 아니다. 가장 좋은 극복 방법은 외로움과 두려움을 정면으로 마주하는 것이다.

외로움이나 두려움이란 실체가 있는 것이 아니다. 내 정신을 지배하는 하나의 강박증에 지나지 않기 때문에 회피할수록 더욱 우리의 생각을 옭아매게 된다. 이런 감정이 든다면 나는 정면으로 마주해서 일기 쓰는 방법을 권한다. 외로움이나 두려움을 느꼈던 원인이 있을 것이다. 그 이유를 그대로 쓰는 것이다. 그때의 감정, 그리고 나의 반응, 나의 행동 방식이 어떠했었는지를 일기에 자세히 기록해보자.

사소한 것은 알아채기 힘든데다 시간이 지나면 기억이 희미해져 두려움에 대해 정확히 파악하기가 어렵다. 그러나 쓰면 그 모든 감정들이 고스란히 남아있게 되고, 왜 그런 감정이 들었는지 한편의 드라마를 보듯 제3자의 입장에서 바로 상황판단을 할 수 있게 된다. '지피지기면 백전백승'이라고 했다. 일기에 세세히 기록해둔 자신의 두려움에 대해 잘 알기만 해도 반은 이미 극복한 것이다. 어쩌면 이미 옮겨지면서 두려움은 내 것이 아닌게 된다.

나 자신도 존중하지 않는 나를 존중해줄 사람은 없다. 자신의 부족한 모습을 인정하고 스스로를 존중하고 사랑할 때만이 더 당당하게 살아갈 수 있다. 글을 쓰다 보면 절대 외롭지 않다. 그리고 혼자서도 당당하게 즐기며 어디서나 빛나는 사람이 될 수 있다.

실컷 울고 나면
실컷 웃을 수 있다

눈물을 흘리는 것은 가슴 속에서 슬픔을 내보내는 일이다.
슬픔을 내보내고 글로 그 슬픔을 다독일 때 비로소 웃게 된다.

"제 유년 시절은 참 어두웠습니다. 제가 18세가 되던 해, 어머니는 뇌출혈로 돌아가셨고 가난한 제 삶과 저의 장애로 인해 앞길이 보이지 않았습니다. 항상 이를 악문 채 눈물을 참으며 하루하루를 버텨온 저에게 큰 변화를 가져온 것이 있었습니다. 바로 눈물이었습니다. 나약해 보이지 않기 위해 애써 참아왔던 눈물을 소리 내어 흘린 그 순간부터 제 삶은 변화했습니다. 우리 자신을 위해 소리 내어 울어보세요. 우리가 사는 세상은 결코 나 혼자가 아님을 알게 될 것입니다."

장애인 문화연구가 박마루 씨의 이야기다. 눈물을 통해 살아갈 힘을 얻고 지금은 누구보다도 열정적으로 행복을 나누는 사람이다. 시의원이자 음반까지 낸 가수이기도 하다. 힘들고 어려운 우리 사회의 장애인에 대한 인식을 개선하는 데 적극적으로 발 벗고 나서며, 자신의 끼와 재능까지도 살려 행복바이러스를 자처하는 이 시대 진정한 행복전도사이다.

자신의 장애를 극복하고 오히려 남에게 더 좋은 영향력을 주기 위해 노력하는 것은 결코 쉬운 일이 아니다. 내가 먼저 행복해야 그 기운이 남에게도 전해질 수 있기 때문이다.

슬픔을 표현하는 방법

눈물을 통해 살아갈 힘을 얻는 것, 우리는 태어나면서 우는 법을 배운 적이 없다. 왜 울어야 하는지, 언제 울어야 하는지, 어떻게 울어야 하는지 전혀 몰랐다. 그러나 어느 순간 너무도 자연스럽게 슬픔을 표현하고 눈물을 흘리고 있었다. 울음이 필요한 순간이 있다는 것을 스스로 알게 되는 것이다.

눈물은 우리 눈을 깨끗이 정화시키고 항균작용을 한다. 전문가들은 마음껏 울면 신체적 정서적으로 안정된다고 한다. 밖으로 몸 속에 쌓였던 감정들이 분출되서 '카타르시스 효과'가 있다고 한다.

미국의 인터넷 매체 〈허핑턴 포스트The Huffington Post〉에 따르면 눈물은 우리 몸에서 독성 물질을 제거할 뿐 아니라 심리적으로 기분이 좋아지게 만들고, 그 결과 고통스런 상황에 대처할 수 있게 해준다고 한다. 눈물은 스트레스를 줄여주는 역할을 한다. 스트레스는 건강을 해치고 심지어, 심장 질환, 고혈압, 성인 당뇨병, 비만 등을 일으킬 수도 있다.

세인트 폴램지 의료센터의 생화학자인 윌리엄 프레이William Frey 2세 박사가 실시한 연구에 따르면 눈물은 우리 몸에서 스트레스와 관련된 물질을 씻어내는 효과가 있어서 울고 나면 기분이 더 좋아진다고 설명했다.

30개국 성인들을 대상으로 한 연구에서도 참여자의 절반이 눈물을 흘리고 난 후 기분이 한결 나아졌다고 답했다. 단지 10%만 오히려 기분이 더 악화되었다고 했다. 울음이 대체로 스트레스와 긴장해소에 도움을 준다는 사실을 말해주는 것이다.

슬픔도 분노처럼 꽉 억눌러놓고 있으면 병이 된다. 응어리진 슬픔은 울음으로 풀어진다. 참지 말고 맘껏 울어라. 눈물이 나오면 억지로 참지 말고 쏟아내야 한다. 그때 나오는 눈물은 몸 안에 있는 독소를 밖으로 내보내서 마음의 면역력을 강화시키는 효과가 있기 때문이다.

난 눈물이 날 때 많이 참았었다. 그리고 흐르는 눈물 대신 글을 썼다. 하지만 그 슬픔이 짙을 때면 쉽게 글조차 써지지 않았다. 펜 끝이 종이를 꾹 누르면 어느새 잉크가 펜 끝에서 퍼져나간다. 그렇게 소용

돌이치는 나의 감정이 가라앉을 때쯤이면 비로소 한 글자 한 글자 마음이 써지기 시작했다. 슬픈 마음이 손끝을 향해 빠져나올 때면 어느새 슬픈 마음도 사라지고 기분도 나아지곤 했다. 그런데 그 마음이 가라앉지 않는 글쓰기가 있었다.

5년 전 이모가 난소암 판정을 받았다는 소식을 들었을 때 나는 너무 당황하고 놀랐었다. 정기검진도 철저히 받아왔던 이모였는데 암을 발견하지 못하고 병을 키웠던 것이다. 그 뒤로 이모는 4년여 동안의 투병생활 끝에 지난해 돌아가셨다. 마지막으로 이모 손을 잡고 기도를 드릴 때의 그 순간을 아직도 잊지 못하겠다. 배는 복수로 인해 딱딱하게 부풀어 올라 있었고 온몸은 부어 있었다. 입은 바짝바짝 말라 계속 가재수건에 물을 적셔 입을 축여야 했고, 눈은 뜰 수도 없는 고통으로 일그러져 있었다.

아무 말도 할 수가 없었다. 너무 고통스러워하는 이모 앞에서 울 수조차 없었다. 조용히 눈을 감고 기도할 뿐이었다. 그때 나지막한 목소리가 들려왔다.

"살고 싶다."

당시 이모는 얼마나 간절했을까. 그동안 얼마나 열심히 살아온 삶이었는데, 이제 그 삶을 내려놓아야 한다는 게 받아들여지기 힘드셨으리라.

전하지 못한 편지

핸드폰에 편지를 쓰기 시작했다. 이모를 보기는 힘들어도 간병하던 엄마에게 읽어달라고 부탁하려 했다. 그러나 편지를 보내기도 전 이모를 만나고 올라온 지 딱 하루 만에 돌아가셨다. 이모에게 마지막으로 써놨던 편지는 아직도 카카오톡 메신저에 그대로 남아 있다.

너무도 환하게 웃고 있었던 이모의 영정사진 앞에서 차마 울 수도 없었다. 이상할 만큼 눈물이 나오지 않았다. 왠지 "울지 마, 상주야. 이모, 천국에 올라와 있어. 하나도 안 아프고 아주 편해"라고 이모가 나에게 이야기하고 있는 듯 했다.

장례식을 마치고 다음날 출근하는데 내가 항상 아침마다 걷는 길이 있다. 여느 때와 다름없이 그 길을 가는데 높고 길게 드리워진 가로수길 사이로 청명한 하늘이 보였다. 잠시 멈춰 서서 하늘을 올려다보는데 문득 이모가 생각났다. 그리고 귀에 꽂혀 있던 이어폰 사이로 찬송가가 흘러나왔다. 이모에게 불러주고 싶었던 찬양이었다.

찬양을 참 좋아하셨는데 너무도 괴로워하고 힘들어하는 모습에 다들 숨죽이고 조용히 있을뿐 찬양은 불러드리지 못했었다. 갑자기 가슴이 먹먹해지면서 앞이 안 보이도록 눈물이 흘러나왔다. 장례식장에서도 그렇게 안 나오던 눈물이 어느 순간 봇물처럼 터져 나왔다. 울고 나서였을까? 이제는 이모를 웃으며 보내줄 수 있을 것만 같았다.

힘들어서 울고 싶은 사람은 맘껏 울어라. 누군가가 그리운 사람은 그냥 울어라. 그럴 때에는 울어야만 모든 것을 잊을 수 있고 웃을 수 있게 된다. 가끔은 우는 것이 자연스럽게 기분을 나아지게 한다는 사실을 아는가? 눈물이 나올 것 같으면 자연스럽게 눈물을 흘려라.

우는 것은 스트레스를 해소시키고 기분을 좋게 만들어준다. 그리고 눈물을 흘리는 것은 가슴 속에서 슬픔을 내보내는 일이다. 또한 힘들 때 우리가 죽지 않고 살아갈 수 있는 방법이기도 하다.

어느 순간 흐르는 눈물처럼 써지는 글이 있다. 그 마음을 그대로 글로 남겨라. 노트가 눈물에 젖어간다 해도 계속 써라. 그렇게 쓰다 보면 당신의 슬픔이 눈물이 되고 눈물은 글이 되어 당신 곁에 남을 것이다. 노트에 적은 당신의 마음을 두고두고 보게 되고, 또다시 그 눈물을 흘리지 않도록 당신을 보듬어줄 것이다. 내가 이모에게 전하지 못하고 갖고 있는 편지처럼 영원히 내 곁에 남을 것이다. 그리고 더 이상 울지 않고 웃을 수 있다.

적막한 새벽 1시,
글쓰기의 힘

새벽 그 자체는 나의 감성을 깨우기 좋은 시간이다.
누구의 방해도 받지 않고 졸음을 이겨내고 나와의 진지한 대화를 시작해보라.

대하소설『태백산맥』,『아리랑』등으로 유명한 조정래 작가는 어떻게 하면 글을 잘 쓸 수 있냐는 독자의 질문에 이렇게 답했다고 한다.

"돌은 단 두 개. 뒤 돌을 앞으로 옮겨 놓아가며 스스로, 혼자의 힘으로 강을 건너야 한다. 그게 문학의 징검다리다."

그러면서 덧붙이기를 많이 읽고(다독: 多讀), 많이 쓰고(다작: 多作), 많이 생각하는 것(다상량: 多商量)만큼 좋은 방법은 없다고 말한다. 900여 년 전 송나라의 문장가 구양수도 "다독·다작·다상의 3다주의를 실천하면 글쓰기를 잘할 수 있다"고 가르친 바 있다. 이 말은 곧 혼자 있는 시간을 철저히 확보해 자신의 의지대로 읽고, 쓰고, 생각하라는 뜻이다.

나는 여기에 한 가지를 더하고 싶다. 바로 많이 보고 듣는 것, 다문多聞이다. 글을 잘 쓰고 싶다면 일단 잘 들어야 한다. 글쓰기의 90%는 듣기에 달려 있다는 말도 있다.

듣다 보면 당신의 내심까지도 들을 수 있다. 깊이 들으려 할수록 좋은 글을 쓰게 될 것이다. 보고 듣고 읽고 생각하고 결국에는 쓰는 것, 이것이 글쓰기의 기본이다. 그리고 글을 잘 쓰려면 돌을 앞으로 옮겨 놓아가며 스스로 건너가는 것과 같이 한 글자 한 글자 써가는 것이다.

만약 돌을 옮기다가 힘들어서 포기할 수도 있고 되돌아갈 수도 있다. 하나하나 옮기다 보면 정말 외로운 나와의 싸움이 될지도 모른다. 그러나 앞에 멀게만 느껴지는 강을 보지 말고 한 발 한 발 나아갈 돌만을 바라보라. 그럼 결국에는 건너야 할 강 끝에 와있을 것이다.

글쓰기로 나의 새벽을 깨워라

영국의 극작가이자 소설가 조지 버나드 쇼George Bernard Shaw는 『워런 부인의 직업Mrs Warren's Profession』에서 다음과 같이 표현했다.

"사람들은 항상 자신의 위치를 자신이 처한 환경 탓으로 돌린다. 나는 환경이라는 것을 믿지 않는다. 이 세상에서 성공한 사람들은 스스로 일어서서 자신이 원하는 환경을 찾은 사람들이다. 만약 그런 환경을 찾을 수 없다면 그런 환경을 만든다."

환경에 얽매여 아무것도 할 수 없었던 적이 있었다. 처음에는 그 환경을 스스로 만들면 된다는 생각을 하지 못했다. 그저 보이는 환경 속에서 어떡해야 하나 고심했던 순간들이 너무 많았다. 시간도 나지 않고 뭔가를 해야 할 생각조차 할 수 없던 상황들의 연속이었는데, 어느 순간 생각을 바꾸니 환경을 만들 수 있게 되었다.

내가 나를 위해 글을 쓸 수 있는 환경을 만들고 시간을 만든다는 것은 참 흥미로운 일이었다. 잠이 많았던 내가 지금은 새벽을 깨우고 있다.

새벽 1시, 글쓰기 가장 좋은 최적의 시간이다. 잠이 쏟아지지만 않는다면 이보다 더 좋을 순 없다. 모두가 잠든 시간, 누구도 나를 방해하지 않는 아주 조용한 시간이다.

나는 새벽 1시, 이 고요한 시간을 좋아한다. 나를 드러내고 나를 깨우는 시간이기도 하다. 글을 쓰다 울기도 하고 글을 쓰다 웃으며 그리운 사람을 떠올리기도 한다. 그리고 글을 통해 나와의 대화를 시작하는 유일한 시간이다.

바람개비는 바람이 불어야 움직인다. 글쓰기도 나의 마음이 움직이고, 나의 생각이 바람을 불러일으킬 때 내가 원하는 방향으로 글을 쓸 수 있다. 글쓰기는 그 어디에서나 가능하지만 이렇게 시간을 정해놓고 쓰는 것은 좋은 습관이 되어 조금씩 나를 알아가고 나를 채워가고 나를 발전시킬 것이다.

영국의 생물학자 찰스 다윈C. Darwin은 〈인간의 유래〉를 설명하면서 인간의 문화적 특성을 아주 잘 보여주는 것으로 3가지 활동을 들었다. 술 빚기brewing, 빵 굽기baking, 글쓰기writing가 그것이다. 이 3가지 활동의 공통점은 다름 아닌 발효와 숙성이다. 이들은 자연적으로 되는 것이 아니다. 많은 시간이 필요하고 많은 연습을 통해 시행착오와 실수를 극복해서 이루어낼 수 있는 것이다.

오랜 숙성 끝에 만들어지는 글쓰기

글쓰기도 그렇다. 오랜 숙성을 거쳐 나오는 나만의 향기를 품어라. 온전히 나를 위한 시간을 만들어 안개가 자욱한 밤거리도 느껴보고, 새벽하늘에 반짝이는 별들도 바라보라. 낮에는 전혀 느껴보지 못한 새벽공기도 바람을 타고 다가올 것이다. 이 모든 것은 오직 새벽에만 느낄 수 있는 정취다.

고요함 속에 전해져오는 전율은 곧 글쓰기로 그 빛을 발한다. 시간이 있을 때마다 쓰려 하지 말고, 다음에 쓰겠다고 미루지 말고, 시간을 내서 써라.

글이 잘 써질 때는 순식간에 A4용지 3~4장은 거뜬히 쓸 수 있다. 그러나 도무지 안 써지는 날은 한 줄도 못 쓰는 게 글쓰기다. 그래도 글을 쓰기 위해 잠시나마 책을 읽고 나를 돌아보는 것만으로도 당신은 그날의 할 일을 한 것이다. 끈기를 가지고 오래 버티기 바란다. 결국 글쓰기는 끈기와 열정이 필요한 나와의 싸움이다.

나를 이기면 그 어떤 것도 해낼 수 있다. 쓰기 싫을 때도 써야 한다. 그럴 때는 솔직히 '오늘은 정말 쓰기 싫다'라고 쓰면 된다. 매일 짧은 글이라도 좋다. 글쓰기는 자기의 생각이나 감정들을 더욱 세밀하고 빈틈없는 것으로 만들어 준다. 꾸준히 나의 손을 놀려라. 쓰기는 머리가 아닌 가슴으로 전해지는 마음을 손으로 꺼내는 방법이다.

프랑스의 소설가 베르나르 베르베르Bernard Werber도 규칙적인 생활을 하기로 유명한 작가인데, 자신만의 시간을 정해 글을 썼다고 한다. 과연 하루 24시간 중에서 온전히 나를 위해 투자하는 시간은 얼마나 되는지 생각해보기 바란다. 그리고 오늘부터라도 내 시간을 만들어라.

독일의 철학자 카시러E. Cassirer는 "인간은 자신의 삶을 표현하지 않고는 살아갈 수 없다"고 말했으며, 글쓰기에 대한 책을 쓴 루츠 폰 베르더Lutz von Werder는 "자아 표현의 욕구야말로 살아있는 인간의 참을 수 없는 본능"이라고 했다. 자신의 삶을 표현하는 것, 그리고 나를 표현하는 욕구는 누구에게나 있다. 참지 말고 미루지 말고 담아두지 말고 이제부터 써라. 왜 써야 되는지는 써보면 스스로 알게 될 것이다.

글쓰기는 떠다니는 단어들을 나의 생각과 조합해서 글로 표현하는 행위다. 그렇게 글로 표현하고 꾸준히 쓰다 보면 글 속에 나의 진심이 그대로 드러나게 된다. 나의 향기가 묻어나오고 내 마음이 옷을 입고 나와 또 다른 삶을 살게 된다. 좋은 글을 쓰려면 자신의 경험부터 먼저 이야기하라. 절대 꾸미지 마라. 꾸미려는 순간 글쓰기는 소설이 된다.

내가 있는 그대로 드러나고 내가 똑같이 나오는 것이 바로 글쓰기다. 그 글이 가장 잘 써지는 시간, 새벽 1시의 마술 같은 글쓰기!

새벽 그 자체는 나의 감성을 깨우기 딱 좋은 시간이다. 졸음을 이겨내고 나와의 진지한 대화를 시작해 보자. 새벽 고요함 속에 깊어지는 정적만큼이나 내 안에 있는 내면의 글쓰기가 나올 것이다. 쓰다 보면 당신이 가야 할 길이 보일 것이다.

글쓰기로
오늘 하루 행복해져라

글쓰기는 내가 살아낸 삶을 담아내는 그릇이다.
그 그릇에 어떤 삶을 담아낼 것인지는 자신만이 알 수 있다.

우연히 어릴 적 사진첩을 꺼내보았다. 어린모습의 아들과 딸을 보면서 미소가 지어진다. 이랬던 적이 있었나 싶게 어릴 적 모습에 새삼스럽고 절로 웃음이 나온다. 키울 때는 힘들어서 모르고 지나갔던 감정들이 10년이 훌쩍 지나 커버린 아이들의 모습 속에서 그 사진들을 보고 있자니 순간 '내가 많이 늙었구나' 하는 생각까지 든다. 내 마음은 그대로인 것 같은데 세월이 어느새 이렇게 흘러가 있다.

문득 생각이 나 아이들의 성장일기를 찾아서 읽어보았다. 금강산에 커다란 무궁화 꽃이 피어 있는 태몽을 꾸었던 일부터 콩알처럼 까만 모습으로 초음파에 비춰졌던 사진까지, 그리고 점점 자라가는 초음파 사진들을 바라보며 곧 나오게 될 첫아이에 대한 설렘까지, 고스란히 적혀 있는 그날의 일기들이 새삼 추억을 불러일으킨다. 아이들뿐 아니라 아가씨처럼 날씬했던 내 모습을 보면서도 새삼 놀란다.

내가 이랬구나. 약간 진했던 화장이 촌스럽게 보이기도 하고 날씬해 보이는 옆 라인이 예뻐 보이기도 하고, 지금은 뚱뚱한 중년남성이 되어 있는 남편의 멋진 모습도 새삼스럽게 훑어보게 된다. '그때는 이렇게 멋졌구나.' 사진 밑에 찍혀 있는 날짜가 무색할 만큼 엊그제 일처럼 모든 사진들의 순간들이 기억난다. 즉석으로 찍혀 나온 폴라로이드 사진들도 간간이 눈에 띈다. 그리고 손수 적어놓은 날짜와 그날의 상황이 고스란히 적혀 있다. '100일을 기념하며, 생일을 축하하며, 서울대공원에서 등등…' 그날이 그대로 살아있다.

행복한 순간을 글쓰기로 남겨라

'더 많은 글을 써놓을 걸' 하는 아쉬움이 들었다. 하지만 순간의 기록들이 나를 잠시나마 추억하게 하고 미소 짓게 만드니 그 또한 좋다. 한편으로 생각하면 정말 어려웠던 시절이고 힘들었던 순간들이었는데 사진 속 내 모습은 환하게 웃으며, 무슨 일이 있었느냐는 듯이 웃고 있다.

왜 사람들은 사진을 찍을 때 꼭 웃게 될까? 내 마음을 숨기기 위해서? 아니면 오래도록 남을 테니 이왕이면 예쁜 모습으로 남아야 되기 때문에? 정말 장난기 넘치는 사람 아니고선 대부분 모두가 웃으면서 자신의 모습을 남기고 있다.

그렇게 보이는 모습은 항상 즐겁고 행복해 보인다. 그런데 속마음은 어떨까? CT나 MRI처럼 우리 몸을 찍으면 몸의 상태가 나오듯이 우리 마음도 볼 수 있었으면 좋으련만, 오직 한 가지 알 수 없고 볼 수 없는 게 우리의 마음이다. 우리 마음이 행복해야 그 행복이 밖으로 나오는데, 우린 행복해서 웃는 게 아니라 그냥 웃는 느낌이다.

초대 미국대통령 조지 워싱턴George Washington의 부인이자 미국 최초의 퍼스트레이디First lady인 마사 워싱턴Martha Washington은 행복에 대해서 이렇게 말했다. "행복의 대부분은 우리가 처한 환경이 아니라 우리가 보는 관점에 달려 있다"고 말이다. 이처럼 행복은 자신이 처한 환경과는 전혀 무관하고 자신의 관점이나 마음의 상태에 있다고 강조하고 있다.

행복이란 행복한 상태가 별도로 있는 것이 아니라 행복을 느낄 수 있는 마음가짐이 중요하다. 우리가 행복하다고 생각하면 인생은 충분히 즐겁고 살아가는 보람도 느끼고 사람들과도 잘 지내며 일에서도 충족감을 맛볼 수 있게 되는 것이다. 그렇다. 마음이다. 행복하다고 생각하는 마음, 충분히 행복한 마음 말이다.

이 마음이 들어야 우리의 힘든 삶도 어려운 난관도 지혜롭게 극복해 나갈 수 있다. 나 또한 이 마음을 바꾼 사람 중 하나다. 물론 신앙의 힘도 있었지만 내가 나를 사랑하고 나를 믿어줄 때 내가 행복해짐을 느낄 수 있었다. 그리고 내가 좋아하는 일을 하는 것만이 진정으로 내 행복을 찾을 수 있는 길이란 것을 알게 되었다.

내가 좋아하는 일로 행복을 찾은 것은 바로 글쓰기다. 글을 쓰기 시작하면서 내가 진심으로 웃고 있었다. 언젠가 나에게 이런 질문이 건네졌다. "많이 힘드셨겠어요. 뭐가 제일 힘들었나요?" 하고 물었을 때 순간 말문이 막혀 이야기를 하기 힘들었다. 말하기도 전에 내 안에 있던 감정들이 뒤섞여 나의 눈물샘을 자극하고 심장을 요동치게 했으니 말이다. 하지만 글을 쓰면서 내 안의 감정들을 꺼내고 그 감정 속에서 벗어나면서부터 내가 자유로워지기 시작했다. 내가 자꾸 나를 꺼내면서 내 상처가 옅어지고 치유되고 또 덤덤하게 나를 바라보게 되었던 것이다.

심리학의 원조인 알버트 엘리스Albert Ellis 박사도 "우리들의 행복이나 불행은 그에 대한 자신의 해석에 달려 있음에도 외부의 여건에서 기인한다고 잘못된 생각을 하고 있다"면서 "환경은 바꿀 수 없으나 환경을 바라보는 태도는 얼마든지 선택할 수 있다"고 강조한 바 있다. 생각처럼 환경은 바꾸기 힘들다. 그러나 마음은 충분히 바꿀 수 있다. 마음을 바꾸면 환경 또한 바꿀 수 있다. 그렇게 주변을 돌아보고 하나하나 바꾸며 나를 행복한 마음으로 이끌 수 있는 것이다.

이제는 글쓰기로 행복해져라. 글쓰기는 어려운 게 아니다. 우리가 누군가에게 문자를 보내듯 그렇게 자연스럽게 쓰면 되는 것이다. 글쓰기의 가장 큰 장점과 목적이 있다면 그건 결국 삶을 풍요롭게 하기 위한 것이다. 지금 행복한가? 일단 써라.

글쓰기는 마술과도 같다. 내 안에서 어떤 말이 나올지 궁금하지 않은가? 난 가끔 나의 글을 보면서 놀랄 때가 있다. 나도 모르게 멋진 문장이 나올 때도 있고, 생각지도 않은 새로운 문장이 만들어질 때가 있으니 말이다.

글쓰기는 내가 힘들게 살아낸 과정을 담아내는 그릇과도 같다. 그 그릇에 어떤 삶을 담아낼 것인지는 자신만이 알 수 있다. '왜Why' 글을 써야 하는지 묻기보다는 '무엇이What' 글을 쓰게 하는지 알아가길 바란다. 그럼 자신을 더 깊이 이해하고 글쓰기 속으로 몰입하게 해줄 것이다. 글쓰기가 얼마나 다양한 모습으로 삶에 스며들고 있는지, 얼마나 내가 속마음을 꺼내기를 갈망하고 있었는지도 비로소 알게 될 것이다.

미국의 소설가 겸 극작가인 고어 비달Gore Vidal은 "모든 작가와 독자들은 글을 잘 쓰는 것이 그들 모두에게 최고의 여행이라는 사실을 알고 있다"라는 말을 남겼다. 하지만 여러분은 글을 '잘' 쓰는 것에 대해서도 염려하지 말라. 그냥 글을 쓰고 있는 시간 자체가 천국이다. 글쓰기에 자신을 정직하게 몰입하고 드러내는 사람만이 자기 인생에도 몰입할 수 있는 것이다. 또 글쓰기는 마음에 귀를 기울이는 예술과도 같은 행위다. 항상 가둬놓았던 빗장을 풀고 좀더 자유롭게 나를 표현하고 나를 만나는 시간이다.

글을 쓰면서 우리는 자연스럽게 배우게 된다. 인생이 어떤 것인지 배울 수 있다는 것은 그 자체로 하나의 큰 배움이 되고 도전이 되기도 한다. 그 도전을 자연스럽게 받아들여라. 당신을 행복한 천국으로 이끌 것이다.

새벽 1시, 글쓰기 가장 최적의 시간이다.
모두가 잠든 시간, 누구도 나를 방해하지 않으며,
나를 드러내고 나를 깨우는 시간이다.

우리의 뇌는 보이는 모든 것을 다 기억하지 못한다. 그렇기에 꼭 잘 기억하고 한눈에 찾아볼 수 있게 써놓는 게 중요하다. 그렇게 쓰다 보면 그 글귀에 대한 또 다른 생각이 붙고 더 좋은 글이 완성된다. 모든 상처를 치유하고 삶을 바꿀 수 있는 글쓰기를 통해 앞으로 펼쳐질 나의 삶을 멋지게 디자인하자. 그러면 내가 원하는 대로 내 삶이 펼쳐질 것이다.

6장

글쓰기로
당신의 삶을 디자인하라

오늘도 글을 쓰고 있는 내가
너무 기특하다

글을 쓰고 있는 내 자신이 얼마나 기특하고 또 아름다운지 상상해보라.
그것은 곧 나에게 행복이다.

내가 나에게 편지를 쓰는 일은 아주 오랜만의 일이다. 누군가에게 편지를 쓰고 그 사람의 답장을 기다리던 생각을 떠올리며 문득 나에게 펜을 들었다. 블로그도 아니고 노트북도 아닌 오로지 펜과 편지지를 준비했다.

누군가의 답장을 기다리지 않아도 되고 어떤 이야기를 써야 하는지 신경 쓰지 않아도 된다. 물론 띄어쓰기나 문법, 맞춤법 등도 크게 신경 쓰지 않아도 된다. 내가 글을 쓰는 이유가 있다면 나를 쓸 수 있기 때문이었다.

내가 존재하고 있음을 그리고 내가 살아있음을 느끼며 쓸 수 있기 때문이다. 내가 글을 쓴 이유는 누군가에게 보여주기 위한 글이 아니라 글을 쓰는 것 자체가 좋았다. 글을 쓴다는 생각보다는 나를 쓴다는 생각이 맞을 것이다. 나를 쓰고 나를 표현하고 나를 꺼내고 나를 돌아보고, 이렇게 오직 나만을 위한 일이었다.

나는 내가 글을 쓰고 있었다는 사실도 몰랐다. 그저 글쓰기는 나의 전부였고 나의 일상이었으며 삶이었느니 말이다.

예전에 모 방송국에서 드라마 극본공모가 나오자 무슨 자신감이었는지 아무것도 모르는 내가 공모에 응모하기 위해 글을 썼던 적이 있다. 지금처럼 노트북을 이용해서 이메일을 보낸 것도 아니고 빨간 네모 칸이 그어진 원고지에 정해진 분량을 다 채워 손으로 꾹꾹 눌러 썼던 기억이 있다. 꽤 많은 양이었는데도 쓰면서 주인공도 만들고 이야기도 구성하면서 얼마나 재미있었는지 모른다.

나의 삶을 다시 살다

문득 프랑스 소설가 로맹 가리Romain Gary의 글이 생각난다.

"제가 소설을 쓰는 것은, 제 삶이 아닌 다른 사람들의 삶을 살아보기 위해서입니다."

배우가 철저히 대본에 있는 다른 사람의 인생을 연기하듯, 소설이

나 드라마 대본을 쓰는 작가들도 다른 사람들의 삶을 살아보고 느껴보기 위함이다. 가끔은 답답했을 내 성격도 바꿔보고 가난했던 나를 부유한 집안의 외동딸로 만들어보기도 하고 내가 누리고 싶은 많은 것을 만들어 글 속에서 누려보며 나를 즐길 수 있으니, 이 얼마나 즐거운 작업인가.

가끔 TV에 나오는 드라마 작가들의 모습을 보면 머리는 헝클어진 상태에 가장 편안한 츄리닝을 입고 골몰하며 글을 쓰는 모습들이 많이 나온다. 그 모습이 얼마나 아름다워 보였는지 어려서부터 작가에 대한 관심이 많았다. 내가 공모전에 보낸 원고는 분명 엉망이었을 것이다. 그러나 원고를 보내놓고 작은 희망을 걸었던 그 순간들이 얼마나 즐겁고 설레었는지 지금 생각해보니 참 순수했던 마음이 느껴진다. 또 신춘문예에도 시를 몇 편 보냈던 기억이 난다.

중학교 시절부터 시에 관심이 많았던 터라 다른 부문보다도 시 부문에 응모를 줄곧 했었다. 비록 기대하는 결과는 얻지 못했지만 무언가에 도전한다는 것은 나를 새로운 희망으로 들뜨게 하고 배움의 길로 들어서게 하고 매 순간 나를 행복하게 했다. 인터넷을 하면서 편집디자인에 관한 정보를 보다가도 간간히 올라오는 공모전을 보면 그냥 지나칠 수 없다. 고양이가 지나가다 음식냄새를 맡고 킁킁거리듯 그렇게 공모전 주변을 배회하며 떠나질 못했다.

방송작가 이병률 시인은 "매 시간 매 순간을 바르게 디자인하고 재단하지 않으면 시를 쓰지 못한다"고 말했다. 있는 그대로를 기록하

는 것은 간단하지만, 타인의 가슴에 울림을 주는 글을 쓰기에는 부족
하다는 것이다. 이병률 시인은 살아온 시간을 진하게 기억하기 위해
서는 매 순간을 특별하게 바라보는 관점이 필요하다고 전했다. 그러
기 위해서는 "시간에 끌려 다니는 것보다는 시간을 주도해야 한다"
며 여행을 다니기 시작했다고 한다. 가장 길게는 2년여 동안 여행을
하며 새로운 공간에서 새로운 것들을 받아들이며 많은 변화를 겪었
다고 말한다.

마음에 귀 기울이면 찾을 수 있다

매 순간을 특별하게 바라보는 관점, 사실 특별한 꿈이나 목표가 없
다면 일상은 너무 평범하기 그지없다. 어제와 오늘이 똑같고 오늘
과 내일이 똑같게 된다. 작년과 올해가 똑같이 이어지고 내년은 분
명 올해와 다를 바가 없을 것이다. 그러나 오늘 나에게 주어진 이 소
중한 순간들을 특별하게 바라보고 생각한다면 나의 미래는 분명 달
라질 것이다.
　글을 쓰는 데 있어서 내 경험 외에 가장 영향력을 끼치는 것은 누
군가의 책이며 일상과 다른 여행일 것이다. 다른 사람의 삶을 들여다
볼 수 있는 책을 많이 접하면서 어제와 다른 삶을 위해 여행을 한다
는 것은 금상첨화이다.

내가 여행을 가서 글을 쓰지 못했던 아쉬운 순간이 있었는데 바로 동강래프팅 체험이었다. 물을 무서워해서 래프팅은 생각도 못했지만, 지인들과의 단체여행이었기에 어쩔 수 없이 합류한 적이 있었다.

처음하는 래프팅이었는데 흐르는 물에 몸을 맡기니 잔잔한 완류코스도 만나고 위험한 급류코스도 만나면서 긴장하는 순간들이 많았다. 순간 우리가 살고 있는 인생과 너무 흡사하다는 생각이 들었다. 그 모든 것을 이겨내고 극복해야 무사히 종착지에 내릴 수 있으니 말이다.

무서움도 잠시 래프팅 하는 내내 주변 경관이 너무 멋있어서 넋을 잃고 본 기억이 난다. 제일 아쉬웠던 것은 경관을 찍을 핸드폰도, 떠오르는 영감을 적을 필기구도 없다는 게 제일 속상했다. 처음 경험해보는 짜릿함과 소중한 기억을 기록하고 싶었는데, 그러지 못함에 못내 아쉬웠다. 시간이 지난 후에야 생각해보니, 아찔한 순간이기도 했지만 그 순간에도 글을 쓰고 싶다는 생각을 했다는 게 신기했다.

"누구에게나 삶의 목적은 있다. 남들에게 베풀 수 있는 특별한 재능이라는 자신만의 선물을 갖고 있다. 우리가 그 독특한 재능을 남들에 대한 봉사와 융합한다면 황홀경과 영혼의 환희를 경험하게 될 테고, 이는 모든 목적 가운데서도 단연 최고의 목적이다."

디팩 초프라Deepak Chopra의 책 『성공을 부르는 일곱 가지 영적 법칙 The seven Spiritual Laws of Success』의 한 대목이다.

자신만의 특별한 재능이 분명 있다. 이것은 신의 선물이다. 나만이 가진 것, 나만이 품어낼 수 있는 향기가 분명 있다. 브라질 작가 파울로 코엘료는 "진심으로 마음에 귀를 기울인다면 살면서 해야 할 일이 무엇인지 찾을 수 있다"고 말했다. 난 그것이 바로 글쓰기였다. 손으로 뭔가를 쓴다는 것, 그저 쓰는 게 좋았다. 하늘 위 별들을 이용해 글자를 만들기도 했고, 바닷가 모래 위를 노트삼기도 했다.

하얀 종이 위에 무언가를 쓴다는 것은 무無에서 유有를 창조하는 것과도 같다. 하지만 그 무는 보이지 않았던 또 드러나지 않았던 내 마음인 것이다. 가끔 내 마음이 나올 때마다 놀랄 때가 있다. 내 안에 이렇게 많은 글이 들어 있는지 말이다.

오늘도 난 변함없이 글을 쓰고 있다. 나를 만나는 시간, 내가 행복해지는 시간, 그리고 내가 아름답게 느껴지는 시간이다. 이렇게 글을 쓰면서 행복해하는 내가 정말 기특하다.

글을 쓰면 돈을 쓰는
생각이 바뀐다

글을 쓰다 보면 자신이 진정 좋아하는 일에 투자하고
그로 인해 행복하고 성공할 수 있다는 것을 알게 된다.

어느 날, 나에게 한 통의 명세서가 도착했다. ○○백화점에서 보내온 명세서였다. 항상 말일경이면 여지없이 내가 주로 이용하는 ○○백화점의 명세서가 도착한다. '이달은 얼마나 될까?' 명세서를 펼쳐보니 헉 소리가 절로 나온다. '왜 이렇게 많이 나온 거지?' 명세서를 훑어보니 엄청나다.

분명 잘못 기재되었을 거란 작은 희망으로 하나하나 체크해보았는데 모두 내가 구입한 게 맞다. '이럴 수가, 내가 왜 이렇게 많이 산 거지?' 내 소비욕구가 그대로 드러나자 순간 누군가에게 뒤통수를 한

대 얻어맞은 듯이 정신이 번쩍 들었다. '내가 왜 이러지?'

'부자가 되고 싶으면, 부자처럼 마음먹고 행동해야 한다'는 말이 있다. 그래서 난 이왕이면 백화점을 주로 이용하게 되었다. 꾸준히 이용하다 보니 우수고객이 되어 있었고 우수고객에게 날마다 주는 카페 무료이용권도 사용하고 휴게실이나 옥상 하늘정원 같은 곳을 이용하며 책을 읽기도 했다. 그리고 혼자서도 맛있는 음식을 골라가며 여유를 즐기기도 했다. 그런데 이런 생활들이 계속 이어지고 습관이 되면서 주말마다 꼭 백화점을 들러야만 하는 쇼핑중독에 걸렸다는 사실을 뒤늦게 알게 되었다.

나도 모르게 운동을 핑계로 백화점을 한 바퀴씩 돌고 있었고, 당장 필요하지 않았음에도 구매하고 있는 내 자신을 발견했다. 내가 살아왔던 힘들고 어려웠던 과거들을 보상이라도 받듯이 그렇게 한 번 두 번 이용했었다.

'나도 이 정도는 살 수 있다, 나도 이런 것쯤은 사도 된다'라는 마음이 나를 움직였고, 그렇게 나는 내가 갖지 못했던 것과 내게 필요한 것을 채워가며 자연스럽게 쇼핑중독이 되어가고 있었다. 그렇게 소비한 돈이 따져보니 어마어마했다. 그러나 어느 순간 깨달았다. 값비싼 옷이나 구두, 그리고 돈으로는 허전한 마음이 채워지지 않는다는 것을 말이다.

돈을 다루는 생각

『왜 그런지 돈을 끌어당기는 여자의 39가지 습관なぜかお金を引き寄せる女性39のルール』의 저자인 일본의 와타나베 가오루渡辺馨 작가는 이렇게 말했다.

"돈은 에너지고, 그 사람이 다룰 수 있는 에너지의 양에 비례해서 모여드는 돈의 양도 결정된다"고 말이다. 그렇기 때문에 어떠한 입장의 사람이든 간에 돈을 척척 순환시킬 수 있다면 돈은 필요한 만큼 모이기 마련이라고 한다. 돈이 에너지라는 말은 이 책에서 처음 접했다.

사실 돈이라고 하면 난 가진 자들과 결부시키곤 했다. 그런데 생각해보니 돈은 주인이 없었다. 누군가에게 있었던 돈이 나에게로 왔다가 다시 또 다른 누군가에게 흘러가고 있었다. 그 이치를 깨닫고 나니 돈에 얽매이지도 돈을 가진 자가 부럽지도 않게 되었다. 그때부터 내가 돈을 쓰는 방법이 조금은 변했던 것 같다.

우선 내가 좋아하는 일에 투자를 해보는 일이었다. 물론 지난 세월 동안 엉뚱한 곳에 돈을 낭비한 것도 있지만 다 내가 좋아하는 것, 나를 위한 것이라 생각했다. 하지만 내게 유익을 주진 못했다. 그러나 생각이 바뀌고부터는 나를 위한 투자가 과감해지고 즐거워졌다. 그동안 낭비한 돈이면 얼마나 많은 강연과 유익한 세미나 등 배우면서 나를 채울 수 있는 장소로 나를 안내했을까 생각해본다.

그동안은 돈으로 뭔가를 이룬다는 생각보다 돈을 잃을까 두려운 마음이 더 컸던 것 같다. 그랬기에 망설이고 결단하지 못하고 매일 똑같은 생각의 연속이었던 것이다. 그러나 내가 가장 좋아하는 일에 시간을 들이고 돈을 들여 하나씩 배워가고 채워가다 보니 얼마나 많은 시간을 그동안 허비했는지 확실하게 알게 되었다. 왜 진작 결단하지 못했을까, 왜 진작 나를 사랑하지 못했을까, 왜 항상 똑같은 한해를 보내며 후회했을까 생각해보게 되었다.

내 스토리에 투자하라

나는 이제 돈을 쓰지 않고 글을 쓰고 있다. 돈이라는 것을 투자해서 나의 꿈을 이루어 가고 있다. 글을 쓰다 보니 알게 된 진리가 있다. 글쓰기를 시작하고 책을 읽다 보니 나를 알게 되고 내가 무엇을 원하고 무엇을 좋아하는지 알게 되었다. 돈을 쓰더라도 자연스럽게 낭비를 하는 것이 아니라 즐거운 것에 돈을 쓰게 되고 내게 유익한 일에 돈을 쓰게 되었다.

　돈에 대한 생각이 완전히 바뀌었다. 더 값지게 쓰게 된 것이다. 진심으로 내가 하고 싶은 일에 돈을 쓰면, 그 돈은 결국 나를 풍요롭게 만들고 다시 나를 따라오게 되어 있다. 글만 잘 써도 부자가 될 수 있는 세상이다. 돈도 인식을 가지고 쓰는 게 무엇보다 중요하듯이 글도 그렇게 써라. 분명 당신에게 엄청난 선물을 안겨줄 것이다. 글은 삶이 주는 선물이고 그 선물에 대한 감사의 표현방법인 것이다.

글을 쓰다 보면 뭘 써야 될까 고민하게 될 때 그 고민을 한 번에 해결해주는 말이 생각난다.

"나는 달리 쓸 만한 소재가 없었으므로, 나 자신을 주제로 삼았다"는 프랑스 철학가 미셸 몽테뉴Michel Eyquem de Montaigne의 말이 있다.

글쓰기의 재료는 바로 자기 자신이다. 자신의 경험부터 써라. 자기 자신만이 가지고 있고 살아 온 경험담이 가장 중요하다. 남의 시선을 의식하지 말고 쓰고 싶은 나의 이야기를 즐겁게 쓰면 된다. 비록 힘든 삶을 살았다 해도 글을 쓰고 나면, 다 꺼내지고 그 고통이 다 사라질 테니 즐겁게 써라.

신기하게도 글을 쓰다 보면 자존감이 높아진 자신을 발견하게 될 것이다. 드러내지 못했던 자신을 드러내고 목소리를 낼 수 있게 된다. 그 어떤 것도 신경 쓰지 않고 자유롭게 써야 낮아진 자존감이 높아진다. 나도 모르는 사이 자존감은 높아져 있을 것이다.

"장거리를 달려야 하는 마라토너에게 다리근육이 필요하듯, 작가에게는 매일 같은 시간에 글을 쓸 수 있는 근육이 필요하다"고 무라카미 하루키村上春樹 작가는 말했다. 방송인 유시민 작가도 "기본적인 근육이 생겨야 기술을 구사할 수 있어요. 하루에 30분 아무 글이나 적어요. 1년 하면 실력이 어마어마한 차이가 납니다"라고 말을 한다.

글을 쓰는데도 많은 에너지가 소모된다. 정신력도 강해야 하고 버틸 수 있는 근육이 반드시 필요하다. 특히 엉덩이의 힘이 절대적으로 필요한 작업이다. 또한 돈이 내가 믿는 대로 움직이고 흐르듯이 글도 내가 믿는 대로 내 생각이 움직이는 대로 흘러나온다.

혹시 허전한 마음을 달래려고 괜스레 백화점을 몇 바퀴 돈다던지 필요하지 않은 물건을 습관처럼 사들이는 쇼핑중독에 걸려 있지는 않은가?

"Go for it!" 그냥 해봐! 보디빌더 손석호 선수가 한 말이다. 생각 말고 그냥 운동해.

글쓰기도 이와 동일하다. 어렵게 생각하지 말고 솔직하게 있는 그 대로 생각나는 대로 나를 쓰기 바란다. Let's go for it! 어디 한번 해보 자! 이제 돈 쓰지 말고 마음을 채우기 위해 글을 써라.

아무리 짧아도 진실하게 표현한 글은 그 자체가 즐거움이고 위로 이자 치유가 된다. 돈으로 즐거움을 사려 했던 지난날들을 돌아보며 글쓰기가 진정으로 즐거움을 주고, 그 즐거움이 결국 돈을 끌어당겨 준다는 것을 난 이제야 알아가고 있다.

대통령의 글쓰기?
아줌마의 글쓰기!

대통령의 글쓰기가 권위와 설득, 포용이라면
아줌마의 글쓰기는 일상 그 자체이다.

대한민국 최상의 정치력을 지니고 최상의 연설가인 고_故 김대중 대
통령과 고_故 노무현 대통령을 8년간 모시며 청와대에서 연설비서관
실 행정관으로 재직했던 강원국 작가의 『대통령의 글쓰기』가 출판시
장을 뜨겁게 달궜다. 나 역시 그 작가의 강연을 좋아하는 편이라 SNS
로 강연하는 모습을 보며 댓글도 달기도 한다. 아마도 요즘 가장 바쁜
작가가 아닌가 생각해본다.

그가 말하는 두 대통령은 당대 최고의 문필가이자 웅변가라고 말
한다. 그러면서 글을 써야 할 때 반드시 유념해야 할 사항을 딱 3가지

만 꼽자면 다음과 같다고 말했다.

첫째, 욕심을 버려야 한다. 욕심을 부리게 되면 횡설수설하게 되고 글이 지저분해진다고 한다. 그리고 내용이 길어지고 공허해지기도 한다는 것이다.

둘째, 전하고자 하는 메시지에 초점을 맞춰야 한다. 그렇지 않고 글에 멋을 부리려다 보면 글쓰기도 힘들 뿐 아니라 글을 쓰는 진짜 목적인 메시지가 제대로 전달되기 어렵다는 말이다.

마지막 세 번째, 글을 읽는 대상을 염두에 두고 글을 써야 한다. 혼자서만 보는 일기가 아니고서야 글은 모두가 누군가를 위한 것이라는 말이다.

글을 읽는 사람이 그 글을 어떻게 받아들이느냐가 중요하다고 한다. 그는 사람들 대부분이 '무엇을 쓰느냐'를 고민하지 않고, '어떻게 쓰느냐'를 고민한다고 한다. 그래서 어떻게 하면 멋있어 보이고, 있어 보이게 명문을 쓸 것인가를 두고 고민하기에 어렵게 느껴진다며 굉장히 부질없는 욕심이라고 말을 한다. 두 대통령은 늘 무엇을 쓸 것인가에 대해 고민하고 욕심을 냈다고 한다. 그것이 곧 국민에게 밝히는 자신의 생각이고, 국민의 삶에 큰 영향을 미치는 정책이 되기 때문이라는 결론이다.

글의 진심과 감동은 전할 수 있다

글의 감동은 기교가 아니라 진심이다. 쓰고 싶은 내용에 진심을 담아 쓰면 되는 것이다. 아무리 잘 쓴 글이라 할지라도 상대방이 그 의미를 이해하지 못하면 쓸모없는 글이 된다. 내가 대통령의 글쓰기에서 마음으로 읽은 글이 있다. "책을 읽을 수도 글을 쓸 수도 없다"는 노무현 대통령의 말, 그리고 "사형을 언도받은 상황에서 껌 종이, 과자 포장지에 못으로 깨알같이 눌러썼다"는 김대중 대통령의 옥중서신 이야기다. 두 글 모두 절박함이 묻어나는 대목이다.

어떤 심정으로 글을 썼는지, 글을 쓸 수조차 없는 상황에서 글을 쓴다는 게 어떤 마음인지, 그리고 어떻게든 어디에라도 쓸 수밖에 없는 그 심정이 고스란히 전해졌다. 절망의 끝자락에서 글을 쓰고 있던 모습들을 상상해 본다. 글을 통해 세상을 바꾸고 싶었다고 한다. 그렇기에 더 절절하게 다가오는 글귀들이었다.

나는 글을 통해 나를 바꾸고 싶었다. 내 우유부단했던 성격도, 내 주장을 펼치기보다는 남의 의견을 따라가기 일쑤였던 나를 바꾸고 싶었다. 착하다는 말도 듣기 싫었고 착해 보인다는 말은 더욱 듣기 싫었다. 그래서 글을 통해 나를 채찍질하고 상처 난 내 마음에 약을 바르곤 했었다. 그 모든 것이 글을 통해 가능했다.

고故 노무현 대통령의 가장 인상 깊었던 말은 "그 사람이 살아온 날들을 보면 그 사람이 살아갈 날들이 보인다"라는 말이었다. 이 글을 보면 어쩜 살아온 날들이 우울했다면 살아갈 날도 우울할 수 있다는 말로 보일지 모른다. 그러나 그 말 속에는 삶을 어떻게 생각하고 그려가는지를 알 수 있는 생각이 들어 있다는 것을 알아야 한다.

보이는 것만이 다는 아니기에 더 의미 있는 삶, 값진 삶을 살기 위해 항상 노력해야 한다. 그리고 고故 김대중 대통령이 늘 강조했던 말 중에 인상 깊었던 말은 "지도자는 자기의 생각을 조리 있게, 쉽고 간결하게 말하고 글로 쓸 줄 알아야 합니다"라는 글이다. 설득력 있는 말과 글, 글 한 줄에 리더가 가진 정보와 생각을 다 함축해낼 수 있다는 것이다.

처음에 난 말을 조리 있게 잘 하지 못해서 글로 많이 표현했었다. 글이 편했고 글이 더 잘 전달되었다. 그러나 자꾸 꺼내 쓰면서 그 표현이 말로 자연스럽게 나오게 되었다. 내 안에 있던 생각이니 그대로 말로 표현할 수 있다는 건 지극히 자연스러운 일일 것이다. 단지 자신감이 부족했음을 느껴본다.

일상이 글이 되다

어쩌면 대통령의 글쓰기는 많은 사람을 아우르고 이끌어야 하기에 더 신중하고 많은 사람이 심혈을 기울이는지도 모르겠다. 권위도 나타나야 하고 설득력도 있어야 하는 게 대통령의 글쓰기라면 아줌마의 글쓰기란 무엇일까? 난 아줌마의 글쓰기란 일상이라고 본다.

글을 쓰게 만드는 삶, 글을 쓸 수밖에 없는 현실적인 일상 말이다. 자신은 어느 순간 사라지고 엄마로 아내로 며느리로 살아가는 이 시대 아줌마들의 글쓰기는 일상 그 자체다. 시시콜콜한 이야기부터 은밀한 이야기까지 모든 게 아줌마의 글쓰기에 들어간다. 누군가 글을 쓰는 데 있어서 코칭을 해주는 것도 아니며 누군가에게 내 글을 보이며 평가받지도 않는다. 그저 가계부를 쓰다가도 중도에 틀어진 한 달 가계부를 보며 한숨짓고 한 쪽 구석에 내 마음을 적어보기도 한다.

매일 똑같은 일상으로 인해 무료할 때 내가 품었던 꿈을 꺼내보기도 하고, 다른 이들은 어떻게 사는지 인터넷을 뒤적이기도 한다. TV를 보다 보면 유용한 생활 팁이나 정보들이 수도 없이 쏟아져 나온다. 그럴 때면 어김없이 메모지에 적고는 한다. 음식 프로그램에서 나오는 쓸 만한 조리법도 메모해놓고 건강에 좋다는 건 전부 메모하게 된다. 그렇게 나의 일상을 쓰고 가족의 일상을 쓰는 게 아줌마의 글쓰기다.

정보를 듣고 글을 쓰고 나를 돌아본다는 건 나를 더 발전시키고 현실에 안주하지 않겠다는 의지 같은 게 있는 것 같다. 남들보단 못한 듯하지만 결코 남들보다 뒤처지거나 작아 보이고 싶지 않은 자존감이 있는 것이다.

그러나 정말 나다운 글을 쓰게 될 때가 있다면 글을 쓸 기력조차 남아있지 않은 일상의 부딪힘일 것이다. 부부싸움으로 인해 온몸과 정

신이 흐트러진 상태라든가 갑작스런 아이들의 사고소식이나 학교폭
력 등 안 좋은 일에 연관되어 나의 마음이 흔들려지면 어김없이 펜을
들고 있었다. 일상에서 일어나고 불어오는 파도 같은 쓰나미를 접할
때도 난 어김없이 펜을 들고 모든 것을 써내려갔다. 견디기 힘든 마음
부터 글로 해결해야 그나마 버틸 힘이 생긴다.

문득 커피 한 잔 마시며 유리창에 비쳐지는 내 모습을 보다가도, 또
한 화장기 없는 초라한 내 모습을 보다가도, 문득 나의 존재감을 발견
하고 내 인생을 돌아볼 때 글을 쓰는 것, 이것이 나의 글쓰기다.

대통령의 글쓰기가 나라와 국민을 위한 글쓰기라면 아줌마의 글쓰
기는 나를 세우는 글쓰기다. 지친 나를 안아주는 방법, 넘어져 있는
나를 일으켜 세우는 방법, 어디로 가야 할지 방향을 잡지 못할 때 나
침반이 되어주는 방법 말이다. 글은 이렇게 나에게 일상이며 친구이
며 나 자체이다.

주저앉고 싶은 그대에게
전하는 메시지

고통은 지나간다. 그러나 마음의 상처는 남는다.
어깨를 기댈 수 있는 친구처럼 마음을 위로하고 치료하는 건 글쓰기다.

편집디자인 일을 시작한 지도 벌써 15년이 훌쩍 넘어가고 있다. 20대 때 그래도 나름 미래를 생각하고 예측하고 준비했던 탓에, 난 그동안 조금은 심적으로 물질적으로 여유 있게 살아왔었던 것 같다. 다행히 남편도 30대 중반에 들어서면서 모든 게 안정적으로 자리 잡기 시작했다.

그러나 일을 시작한 지 2년도 안 되어 결혼하고 아이들을 낳으면서 힘들게 시작한 일을 잠시 내려놔야 한다는 현실이 너무 억울했다. 왜 나만 손해를 봐야 되는 건지, 왜 이럴 때는 여자만 그 짐을 고스란히 짊어져야 하는 건지 고민하게 되고 힘들어했던 기억이 난다.

아마 직장을 다니는 워킹맘들이라면 누구나 공감하는 부분일 것이다. 옷에도 트렌드가 있듯이 편집하는 일 또한 트렌드가 있다.

언젠가는 또 일선으로 나가야 된다는 생각에 난 어떻게 하면 그동안 배우고 만들고 이루어낸 일들의 리듬을 잃지 않고, 또 뒤쳐지지 않을 수 있을까 곰곰이 생각하게 되었다.

하루가 다르게 변화하는 세상 속에서 이대로 있다가는 분명 뒤쳐지기 때문이다. 어쩌면 겁이 나서 다시 시도조차 못할지도 모를 일이었다. 그때 찾아낸 것이 매일같이 인터넷에 들어가 그날그날 새롭게 올라오는 디자인이나 트렌드, 그리고 변화하는 정세를 보며 노트에 기록하고 프린트해서 스크랩하는 일이었다.

모든 결과에는 피나는 노력이 있다

어느 한 분야의 전문가가 되려면 최소한 10년 이상은 해야 된다는 말이 있다. 그리고 그 노력의 결과는 반드시 몸으로 마음으로 흔적을 남기게 된다. 과천 아이스링크장에서 연습벌레로 기억되고 있는 전 피겨스케이팅선수 김연아는 13년 동안 피나는 연습과 자신과의 싸움에서 이겨내 전 세계적으로 인정받는 '피겨 여왕'이 되었다. 또한 전 국가대표 축구선수 박지성은 오랜 시간 묵묵히 자신만의 길을 걸어

온 결과 대한민국 축구를 해외진출의 대중화로 이끈 장본인이 되었다. 특히 그의 발이 몇 년 전에 큰 화제가 되기도 했었다. 언뜻 보면 정말 못생긴 발이었지만 자세히 보면 축구를 하면서 생긴 흉터와 일그러진 발가락과 발톱이 그의 축구인생을 그대로 보여주고 있었다.

마지막으로 스피드 스케이터 이상화 선수는 한국 여자 스피드 스케이팅 사상 처음으로 금메달을 획득했던 선수다. 이상화 선수 역시 그녀를 버티게 해준 것은 다름이 아닌 스케이트를 하도 신어 굳은살로 박힌 발이었다고 한다. 굳은살이 박히기까지 살이 얼마나 아팠을지, 그 고통을 감수하고 얼마나 많은 시간을 연습했을지 짐작이 가는 부분이다.

우리가 기억하는 그들의 모습은 울면서 연습하던 그 처절한 모습이 아니라 자신의 자리에서 최선을 다하는 경기와 최고의 자리에서 손을 번쩍 들고 금메달을 무는 모습들이 대다수다. 얼마나 많은 땀을 흘렸는지 얼마나 많은 시간 눈물을 흘렸는지는 보이지 않는다.

마찬가지로 우리의 삶도 저마다 자기만의 무대 위를 달릴 때 가장 빛이 나는 것 같다. 나는 얼마나 나를 위해 노력했는지 생각해보자. 수고했던 손과 발, 그리고 아파했던 마음을 보듬어주기 바란다. 자신의 삶을 존중하기 바란다. 우리가 환경에 대한 자세와 태도를 분명히 하고 나의 삶을 존중할 때 우리의 삶은 좀더 밝고 나은 길로 가게 된다는 것을 명심하라. 그러기 위해선 가장 솔직한 방법으로 자신의 마음을 표현하고 드러내야 한다. 난 글을 통해 마음을 드러냈다.

구약성경에 나오는 인물들에 대해 전해 내려오는 이야기들을 담은 유대인의 성경주석인 미드라쉬Midrash(성서해석을 추고하는 이야기나 전설, 우화)에 보면 이런 이야기가 나온다. 어느 날 큰 전쟁에서 승리한 다윗은 승리의 기쁨을 오랫동안 기억할 수 있도록 반지를 만들기로 했다. 보석 세공인을 불러들인 다윗은 다음과 같은 명령을 내렸다.

'날 위해 아름다운 반지를 하나 만들되 거기에 내가 전쟁에서 큰 승리를 거두어 환호할 때 교만驕慢하지 않게 하고, 내가 큰 절망에 빠져 낙심할 때 결코 좌절挫折하지 않고 스스로에게 용기와 희망을 줄 수 있는 글귀를 새겨 넣으라'고 명했다.

이에 세공인은 아름다운 반지를 만들었지만, 정작 거기에 새길 글귀가 떠오르지 않았다. 그래서 고민 끝에 지혜롭기로 소문난 솔로몬 왕자를 찾아가 다윗왕의 명령을 설명하고 도움을 청했다. 이때 왕자 솔로몬이 세공인에게 일러준 글귀가 "이 또한 지나가리라This too shall pass away"이다.

이것 또한 지나가리라

탈무드보다 더 오래된 미드라쉬에 나오는 이 이야기를 근거로 랜터 윌슨 스미스Lanta Wilson Smith는 다음과 같은 글을 남겼다.

거대한 슬픔이 노도의 강처럼 평화를 파괴하는 힘으로 그대의 삶으로 쳐들어오고 소중한 것들이 눈앞에서 영원히 사라져 갈 때 매 힘든 순간마다 그대의 마음에 말하라. '이것 또한 지나가리라.'

끊임없는 근심이 즐거운 노래를 들리지 않게 하고 피곤에 지쳐 기도조차 할 수 없을 때, 이 진실의 말이 당신 마음의 슬픔을 줄여주고 힘든 나날의 무거운 짐들의 무게를 가볍게 하도록 하라. '이것 또한 지나가리라.'

행운이 그대에게 미소 짓고 근심걱정 없는 나날이 환희와 기쁨으로 다가올 때 그대가 세속적인 보물들에만 안주하지 않도록 이 진실의 말을 그대의 마음에 깊이 새겨라. '이것 또한 지나가리라.'

정직한 노동이 그대에게 명성과 영광을 가져오고 지상의 모든 숭고한 이들이 그대에게 미소 지을 때 삶의 가장 길고 장대한 이야기도 이 세상사에서는 짧은 한순간에 불과하다는 것을 기억하라. '이것 또한 지나가리라.'

지금 나의 마음상태는 어떠한지 한번 생각해 보자. 울고 싶다면 왜 울고 싶은지, 무엇이 나를 힘들게 하고 마음을 적시고 있는지, 마음을 치료하면 마음의 병은 저절로 사라지게 된다. 우리의 마음을 치료하는 법, 바로 글을 쓰는 일이다. 모든 글쓰기는 자기 치유의 효능을 가지고 있다.

지금 당장 노트를 꺼내 자기 자신을 쏟아내라. 나의 우울한 감정들, 화가 나는 이유, 가족이나 이웃에게 서운한 감정, 나를 인정해주지 않는 가족, 부모님, 친구 등 나를 우울하게 하고 괴롭히고 불안하게 만드는 모든 감정들을 써보기를 바란다.

글쓰기는 우리가 어깨를 기대어 울 수 있는 친구다. 우리의 이야기를 들어주고 상황을 정리하도록 도와주는 절친한 친구가 될 수 있다. 슬픔과 절망으로 가득 찬 나날들을 함께 이해하고 풀어 줄 수 있는 동반자가 되어줄 것이다. 울고 싶고 주저앉고 싶은 당신이 지금 당장 해야 할 일이 있다. 자신의 다이어리 또는 지금 읽고 있는 책에 한번 써보라.

'이것 또한 지나가리라.'

쓰면 쓸수록
상처받은 나를 만나다

쓰다가 상처받은 어린 나를 발견하더라도 겁먹지 말고 계속 써라.
쓰면서 만나는 사람은 앞으로의 내 삶을 응원할 나 자신이다.

6살 때부터 글쓰기를 좋아하는 소녀가 있었다. 커서 불문학을 전공한 뒤 비서로 취직하지만 뭔가를 자꾸 끄적거리며 공상에 빠져 있는 습관 때문에 그녀는 해고된다. 그 이후 포르투갈로 넘어가 영어교사가 되고 한 남자를 만나 결혼했으나 책임감 없고 폭력만 일삼는 남편에게 못 견뎌 결국 결혼생활 13개월 만에 이혼을 하게 된다. 그 이후 어린 딸과 고국으로 돌아와 정부보조금으로 연명하며 열심히 살아보려 하지만 생활은 나아지지 않고 그녀는 결국 계속된 실패로 좌절하게 된다.

그 가운데 수없이 죽음에 대한 생각을 한다. '내가 죽으면 이 고통에서 벗어날 수 있을까?' 그러나 죽음 앞에서 그녀를 일으켜 세운 건 어린 딸의 울음소리였다고 한다. 용기내어 다시 살기 위해 찾아간 신경정신과에서 심각한 우울증이란 이야기를 듣고 우울증을 이기기 위해서 자신이 하고 싶은 일을 해보라는 권유를 받게 된다. 그녀는 어릴 적부터 좋아했던 글쓰기를 하려고 자신에게 남아있는 유일한 구식 타자기를 이용해 무섭게 글쓰기에 몰입했다고 한다.

글이 잘 써지지 않을 때는 공동묘지를 찾아가서 영감을 얻기도 했다니 참 대단하다. 그리고 마침내 그녀는 낡은 타자기 하나로 마법 같은 기적을 일으킨다. 3억 3,950만 권의 판매량을 달성하며 전 세계 판매부수 1위, 6조 5천억 원의 수익을 낸 판타지의 최강자가 된다. 바로 전 세계 많은 사람의 사랑을 받은 소설 『해리포터』 작가인 조앤 K. 롤링 Joan K. Rowling 이다. 그녀가 겪은 직장에서의 해고와 결혼의 실패 등 삶의 실패가 인생을 좌지우지할 만큼 큰 사건은 아닐 것이다.

그러나 연이은 실패와 희망적인 미래가 안 보인다면 삶의 끈을 놓는 사람들은 분명 있을 것이다. 하지만 실패로 인해 얻어지는 것 또한 분명 있다. 실패는 더 이상 잃을 것이 없기에 우리에게서 두려움을 앗아가고 대신 용기를 주게 된다. 용기를 바탕으로 한 새로운 시작, 이것이 그녀의 삶을 바꾸어 준 것이다.

그녀는 말한다. "두려워하지 말고 실패의 끝에 꺾이지 말고 자신이 좋아하는 한 가지 일에 몰두해보라. 놀라운 기적은 이렇게 모든 평범한 삶 속에서 일어날 수 있다"고 말한다. 글쓰기를 통해 자신의 모든 실패와 두려움을 용기로 바꾸고 새로운 삶을 살고 있는 그녀가 자랑스럽고 부럽기까지 하다.

상처 드러내기

나 또한 이 평범한 일상 속에서 얼마나 많은 상처와 외로움과 좌절 속에서 생사의 끈을 놓고자 했던가. 하지만 내 주변 그 누구도 나의 상처를 제대로 아는 사람은 없었다. 내가 글로 쓰고 나를 드러내기 전까지는 말이다. 드러나지 않는 상처는 아무도 알 수 없다. 상대방이 웃고 있다고 다 웃는 것 또한 아니다.

'내가 웃어도 웃는 게 아니야'라는 말을 하는 경우가 간혹 있다. 내가 그랬다. 웃고 있는 내 모습 속에 너무 많은 상처가 있는데 그 상처가 드러날까 더 웃었는지 모르겠다. 드러나면 좀 어때서 그렇게도 꽁꽁 숨기고 눌러버렸을까 싶다.

상대방을 배려한다는 마음에 나의 생각과 감정을 표현하지 못하고, 받은 상처를 그냥 외면해 버린 적이 얼마나 많았던가. 싫다고 대답하지 못하고 못이기는 척 따라갔던 적이 얼마나 많았던가. 상처는 아물지 않고 곪아 터져 가는데 아무 일 없는 양 웃고 있던 날이 얼마나 많았던가. 화가 나는데 애써 태연한 척 감정을 꾹꾹 눌러 앉힌 적이 얼마나 많았던가. 그러다 보니 내가 가장 힘들었던 것은 드러내고 표현하는 것이었다.

환경이 나를 자라게 한다

일본인들이 많이 기르는 관상어 중에 '고이ंं'라는 잉어가 있다. 고이는 작은 어항에 넣어두면 5cm 정도밖에 자라지 않지만 연못에 풀어주면 25cm까지 자라게 된다고 한다. 또 이를 강물에 방류하면 무려 1m 안팎까지 자란다고 하니 놀라지 않을 수 없다. 무슨 차이일까? 고이 잉어의 특성상 큰물에 풀어놔야 크게 자란다는 것이다. 어떤 환경에서 자라느냐에 따라 물고기의 크기가 스무 배나 넘게 차이나고 수명도 부쩍 늘어나듯이 우리의 삶도 그러하다.

　물고기는 결코 스스로 자라는 환경을 선택할 수 없다. 어렸을 때 내 환경에 대해서 어떻게 할 수 없었듯이 말이다. 그러나 이제 성인이 되었고 나 스스로 생각하고 판단하고 결정하면서 삶을 충분히 개척해 나갈 수 있는 능력이 있다.

　어부들이 큰 그물을 던져 많은 고기를 낚듯이 내 생각의 그물이 얼마나 큰가에 따라 나에게 걸려드는 고기들은 많을 것이고 다양할 것이다. 우리가 꿈을 크게 품고 그 꿈을 향해 이룰 수 있다는 믿음으로 나가는 자세 또한 고이 잉어와 같은 것 같다.

거대한 몸집의 코끼리만 해도 그렇다. 어릴 적부터 나무기둥에 매여 있다 보니 힘도 세고 몸집이 커져도 뛰쳐나갈 생각을 못한다는 것이다. 사람도 자연의 섭리를 결코 벗어나지 못한다. 방 안에 갇혀 지내면 지능이 떨어지고 확 트인 자연을 바라보면 지능이 높아지는 게 당연하다. 그래서 어릴 적부터 자연 속에서 많은 것을 보고 체험하고 뛰어 놀라는 어른들의 말에 다 이유가 있는 것이다.

나도 어쩌면 고이 잉어처럼 작은 어항에 나 스스로 나를 가두었는지도 모른다. 지난 시간들을 돌아보니 우물 안 개구리처럼 갇혀 있었다는 생각을 해본다. 결국 글을 쓰게 되었지만 지난날들을 글로 꺼내다 보니 내 자신이 더 분명하게 보이기 시작했다. 왜 그렇게 우울했는지, 왜 그렇게 외로웠는지, 왜 그렇게 자신이 없었는지 말이다. 또 글을 쓰면서 내 인생을 노출시키고 나를 보인다는 것은 상상도 못했던 일이다. 쓰면 쓸수록 나의 상처가 드러나고 나의 과오가 발견되고 내가 몰랐던 나를 만나게 되기 때문이다.

우리가 살면서 가장 성취감을 주는 것 중의 하나가 성공이고, 지금보다 더 나은 자신이 되는 것이다. 많은 사람은 훌륭한 사람, 성공한 사람이 되고 싶어 하지만 그 방법을 잘 몰라 여기저기 기웃거리기 일쑤다. 하지만 글로 자신의 장·단점을 드러내며 자신의 진짜 모습을 발견한다면 자신의 성공 목표는 분명 달라질 것이다.

자신을 무언가로 자꾸 채우려 하기보다 자신을 먼저 이해하고 인정하고 비워내면서 변화하려고 노력해야 한다. 그리고 꾸준히 남들과 소통하며 나를 먼저 이끌어내야 한다.

쓰다가 상처받은 어린 나를 발견하더라도 겁먹지 말고 계속 써라. 전혀 다른 내가 보일지라도 두려워하지 말고 계속 써라. 쓰면서 만나는 사람은 앞으로의 내 삶을 응원할 나 자신이다.

어떤 순간에도 내 편에 서서
나를 응원하는 글

어떤 순간에도 내 편에 서서 나를 응원하는 글이 나오도록 써라.
버틸 수 있고 용기를 주는 글쓰기의 힘을 알게 될 것이다.

여의도 1번지 국회의사당에서 근무할 당시 나를 움직였던 직업이 있었다. 신속함과 정확성을 기본바탕으로 발언자의 내용을 듣고 음성과 영상을 문자로 변화해주는 속기사라는 직업이었다. 속기는 보통 문장의 10배 정도의 속도(1분에 300자 이상)로 쓸 수 있는데 국회의 의사록, 청문회, 국회대정부질문, 법원의 공판기록, 각종 회의 등을 기록으로 남기는 일을 담당한다. 요즘은 수필속기사와 컴퓨터속기사로 나눌 수 있는데, 내가 배울 때만 해도 수필속기 방법이었다.

수필속기는 펜으로 특정한 점, 선, 원, 위치, 방향, 길이 등의 부호문자로 속기법에 따라 기록하는 방식이고, 1994년에 나온 컴퓨터속기는 컴퓨터의 각종 기능을 활용해 속기법에 따라 배열된 자판으로 기록하는 방식이다. 수필속기는 번문시간이 필요하나 컴퓨터속기는 자동 번문된다는 장점이 있다. 현재는 수필속기사는 국가자격증 시험이 폐지되어 교육기관 등에서 공식적으로 가르치는 곳은 없으나 동아리 형태로 명맥은 유지되고 있다고 한다.

새로운 것을 찾다

속기사는 단순히 기록하는 것을 떠나 행동이나 표정, 배경소리 등의 비언어적인 부분도 기록함으로써 많은 사람의 알권리와 정보 투명성을 보장하는 데에 중요한 역할을 한다. 속기사의 가장 큰 매력은 속기사자격증 하나로 취업이 가능하다는 점이었다. 자격증 취득 후 재택 프리랜서로 활동할 수 있는 장점과 본인의 업무에 충실한다면 누구한테도 간섭받지 않으면서 일할 수 있는 최적의 직업이었다.

또한 많은 정보를 듣고 쓰는 작업이라 시대적인 변화를 금방 알 수 있고 세상을 보는 눈 또한 넓어지게 되는 좋은 계기가 된다. 현장이나 방송에서 속기사들을 보면 긴 시간 혼자 묵묵히 일해야 하는 외로운 직업일 수도 있지만 내 눈에는 멋져보였다. 그러고 보면 오래전부터 쓰는 것에 대한 갈망이 있었다는 것을 책을 쓰면서 자꾸 알게 된다.

쓴다는 것의 매력이 매우 다양하게 나를 움직이고 있었다.

직장을 다니며 속기학원을 알아보던 중 인천 가까이에 있음을 알고 바로 등록을 했다. 빨리 새로운 언어에 적응하고 빨리 쓰는 게 속기의 최대 관건이기에 무진장 쓰면서 노력했던 것 같다. 쓰면서도 흥미를 느꼈던 것은 내가 쓰는 속기를 주변에서는 아무도 모른다는 것이었다. 내 달력에는 속기로 쓴 문자들이 점점 늘어나기 시작했다. 말그대로 비밀스런 문자였다. 그런데 속기로 아무리 빨리 써도 속도가 영 나질 않았다.

시험에 한 번 두 번 떨어지다 보니 점점 자신감이 떨어졌다. 그렇게 몇 개월을 했을까? 결국 내가 시도했던 것 중 처음으로 포기한 일이 속기사였다. 끝까지 좋은 결과를 못 봐서 아쉽긴 했지만, 그래도 뭔가 도전하고 해보려는 내 자신에게 작은 위로를 보냈다. 그리고 속기는 내 일상의 비밀스런 문자가 되어 아직까지도 간간히 사용되어지곤 한다.

아주 짧은 시간이었지만 머리, 귀, 손이 삼위일체가 되어야 했던 작업으로, 순간의 판단력과 기억력, 청력, 손재능이 필요한 작업이었다. 글쓰기도 이와 매우 흡사하다. 속기가 남의 말을 빨리 받아 적고 기록으로 남기는 일이었다면 글쓰기는 나의 말을 기록으로 남기는 것이다. 내가 하는 말, 내가 하고자 하는 말, 내가 했으면 하는 말, 그리고 하지 못했던 말까지 다 기록할 수 있는 것, 그것이 바로 글쓰기다.

내 편에 서게 하는 글쓰기

내 생각을 정확하게 전달하는 글쓰기, 그리고 사람의 마음을 움직일 수 있는 글쓰기, 이것이 내가 글을 써왔던 이유이고 붙잡고 있던 끈이었다. 뭔가를 하고 싶은데 무엇을 해야 할지 알 수가 없던 20대, 그 젊은 시절을 난 많은 것으로 방황했었던 것 같다. 내가 무엇을 하고 싶은지 보다는 앞으로 무엇을 해야 먹고 살 수 있을지를 먼저 생각했던 나이, 왜 일찍부터 내 꿈을 꾸지 않고 보이지 않는 미래를 두고 걱정만 했을까.

지금의 난 고1인 딸아이와 많은 이야기를 한다. 다행히 사춘기를 순조롭게 지나고 마치 친구처럼 옷도 같이 입으며 쇼핑도 같이하러 다닌다. 남자친구 이야기도 편하게 나누고 학교생활이나 본인의 장래일까지도, 그리고 무엇이 좋은지 나쁜지 조언해주면 잘 받아들이곤 한다. 생각해보면 참 다행이다. 그리고 나와 함께 하는 시간들을 즐거워하고 맛있는 음식을 함께 먹는 것을 좋아한다. 그래서 한 달에 한 번씩은 좋은 강연이나 뮤지컬 또는 연극을 함께 보러 다니기로 약속을 했다.

딸과 좋은 시간을 함께 나눈다는 것, 내가 결혼 전부터 꿈꿔왔던 일이기도 하다. 딸은 나를 많이 닮아서 생각도 많고 글을 쓰는 것도 꽤 좋아하는 편이다. 이야기하다 보면 "어머, 엄마 나도 그런데, 내가 엄마 닮았네" 하며 웃고는 한다. 그래서일까? 내가 느꼈던 감정이나 상황들을 이야기해주면 잘 듣고 받아들이려고 한다.

얼마 전 조심스럽게 딸아이에게 말을 건넸다.

"하영아, 엄마가 글을 쓰고 있는데 아무래도 쓰다 보니 엄마의 과거시절 어려웠던 일이나 외로웠던 일, 그리고 시설에 살았던 이야기까지 다 쓰게 되었는데, 그렇게 알려져도 괜찮겠니? 혹시 창피하거나 친구들이 뭐라 하면… "말하고 있는데 내 말을 딸이 가로챘다.

"엄마, 난 괜찮아. 어때? 내 친구 엄마는 바람피우다 걸려서 이혼한 사람도 있고, 못 사는 사람도 많아. 재혼한 친구들도 있고, 할머니랑 사는 친구도 있는데 뭐가 어때서, 괜찮으니까 다 써. 난 아무렇지도 않아."

갑자기 목이 메었다. 말없이 딸아이를 쳐다보는데 미소 지으며 나를 보는 딸아이와 마주쳤다. 갑자기 눈물이 나려는 걸 애써 참았다. 어찌나 쿨 하게 이야기를 하는지 고맙기도 하고 미안하기도 하고 대견하기까지 했다. 잠시 말을 잊지 못했었다. '다 컸네. 우리 딸.'

그렇다. 글을 쓸 때는 정직하게 쓰는 태도가 분명 필요하다. 거짓으로 꾸미려 하지 말고 내가 겪었기에 잘 아는 것을 써야 된다. 그래야 글이 잘 써지는 것이다. 그럼 어떤 순간에도 내 편에 서서 나를 응원하는 글이 나올 수 있게 된다. 그리고 난 그 글로 인해 더 힘을 얻게 된다. 나뿐만이 아니라, 힘들고 지친 그 누군가도 함께 말이다.

먼저 자신에 대해 쓰고,
그 다음 독자를 생각하라

나를 먼저 쓰지 않고는 그 누구도 나를 알 수 없다.
내가 먼저 느낀 감정과 마음을 잘 드러낸다면 독자들도 똑같이 공감할 것이다.

르네상스 시대 이탈리아의 위대한 조각가이자 화가, 건축가, 시인
인 미켈란젤로 부오나로티Michelangelo Buonarroti가 있다. 괴팍한 성격이
긴 했지만 작품에는 온 열정을 쏟았다고 한다. 그가 4년이 넘는 시간
동안 그린 천정 벽화가 있다. '시스티나 성당 천정벽화'이다. 교황 율
리우스Julius 2세가 미켈란젤로에게 시스티나 성당의 천장 벽화를 그
려달라고 의뢰한 후 4년 동안 매일 새벽부터 밤까지 천장벽화 작업
을 했다고 한다.

시스티나 성당 천장 벽화에는 성경에 나오는 천지창조부터 노아의

방주 이야기까지 창세기의 9가지 이야기를 담은 작품으로 그 중 아담의 창조는 신의 권능과 인체의 아름다움을 잘 표현한 작품으로 유명하다. 성당의 600m² 넓이의 천장벽화를 그릴 때의 일인데 친구와의 유명한 대화가 있어 글로 옮겨본다.

한번은 그가 받침대 위에 올라가 누워서 천장 구석에 인물 하나를 조심스럽게 그려 넣고 있었다. 그때 친구가 다가와 이렇게 물었다.

"여보게, 그렇게 구석진 곳에 잘 보이지도 않는 인물 하나를 그려 넣으려 그 고생을 한단 말인가? 그게 완벽하게 그려졌는지 그렇지 않은지 누가 안단 말인가?"

힘들게 그리고 있는 미켈란젤로에게 안쓰러운 듯 말하는 친구에게 오히려 미켈란젤로가 이렇게 말했다.

"내가 알지."

600m² 넓이의 천장벽화를 4년 넘게 밤낮으로 그린다는 것은 대단한 열정이다. 자신의 모든 에너지를 오직 그림에 쏟는 것이다. 그것도 구석진 보이지 않는 곳까지도 신경을 쓰며 그린다는 건 보통 열정으로는 불가능한 일이다. 또 제대로 펼쳐진 스케치북이 아닌 거꾸로 매달려 그려야 하는 천정벽화였다. 과연 지금도 그렇게 할 수 있는 장인이 있을지 궁금할 따름이다. 어려운 작업을 긴 시간 동안 자신과 싸워가며 해낸다는 것, 그리고 결국 해냈다는 것에 박수를 보내고 싶다.

자기와의 싸움

무엇보다도 열정과 끈기가 있어야 자신이 좋아하는 일을 잘 해낼 수 있으며 성공할 수 있다. 열정은 '어떤 일에 열렬한 애정을 가지고 열중하는 마음'을 뜻한다. 그리고 끈기란 '참을성이 있어 견디어 나가는 기질'을 뜻한다.

우리에게 이 열정과 끈기는 과연 얼마나 있을까? 난 글을 쓰면서 끈기를 더욱더 느끼고 있다. 내가 할 수 있다는 것에 대한 자신감이 애정을 낳고 힘들어도 참을 수 있고 견딜 수 있게 만들고, 진득하게 글을 쓰게 만들고 있다.

누구에게나 같은 양의 에너지가 잠재되어 있다고 한다. 하지만 입체파 화가 피카소Picasso는 이렇게 말했다. "사람들은 보통 여러 가지 하찮은 일에 정력을 소비하고 만다. 나는 단 한 가지 일, 즉 그림에만 내 에너지를 소비할 뿐이다. 그림을 위해 다른 모든 것은 희생될 것이며, 거기에는 모든 사람들, 그리고 물론 나 자신까지 포함된다"라고 말이다.

자신을 희생하면서까지 그림에 열정을 쏟아 부었던 피카소와 미켈란젤로처럼 나는 과연 무엇에 내가 가진 에너지를 사용하고 있는지 돌아본다.

바로 글쓰기다. 먼저 남이 아닌 나를 불태우는 것이 바로 글쓰기의 매력이다. 시작점은 내 마음을 아는 것이 먼저다. 오직 내가 주인공이 되는 것, 나에 대해서 먼저 구체적으로 자세하게 진심으로 쓰는 것이 무엇보다 중요하다. 나의 가진 에너지를 오직 글쓰기에 집중하는 것이다.

나는 글이 안 써질 때 운동을 한다. 무작정 빠른 걸음으로 걷기를 하는데 걸으면서 반듯하게 닦여진 인도와 자전거 길을 지나다 보면 가슴이 후련해진다. 또 정갈하게 늘어서 있는 가로수를 지나다 보면 어느새 실타래가 엉켜있던 듯 복잡했던 머릿속도 맑아지고 상쾌해지는 것을 느낄 수 있다.

운동을 한 후 뜨거운 물에 몸을 담그는 것도 좋다. 물에 몸을 담그면 자연히 눈을 감게 된다. 이런 방법은 발만 담가도 충분히 전율을 느낄 수 있다. 그럼 그 순간 따뜻한 물에 내 모든 번민이 녹아내려가고 몸서리가 쳐질 만큼 온몸의 피로가 사라진다. 아주 잠시 눈을 감더라도 작은 쉼을 통해 머릿속이 맑아지고 정리되는 기분이 든다.

내가 어디까지 쓸 수 있는지 확인하라

인간이 살기 위해 필요한 4가지 요소로 불, 물, 공기, 토양이 있다. 그중에서 창의성을 불러일으키고 아이디어를 샘솟게 하는 방법이 있다면 물에 가까이 가는 것이라고 한다.

프린스톤 대학의 교수 줄리안 제인스Julian Jaynes는 가장 위대한 과학적 발견과 수학적 발견은 침실Bed, 욕조Bath, 버스Bus 등 3가지의 'B'에서 일어난다고 말했다. 그러고 보니 나 또한 생각하기 위해 잠을 푹 자는 침실과 생각이 잘 안 풀릴 때 샤워하는 욕조, 그리고 마음이 힘들 때 무작정 버스를 타고 종점에서 종점까지 갔던 일을 생각하면 일리가 있는 듯도 하다.

일단 글을 종이에 옮겨놓으면 쓰는 순간 형태를 가지게 된다. 그리고 말의 에너지가 글로 나타나기 시작한다. 내 시선을 움직이게 하고 뇌를 움직이게 만든다. 마음에 떠다니는 모든 생각을 글로 기록하라. 나에게 필요하고 나에게 도움을 주는 모든 것은 다 내 안에 있다. 단지 모르고 있을 뿐이다. 꺼내서 확인해보라. 내가 어디까지 쓸 수 있는지 또 어디까지 갈 수 있는지 말이다.

지금은 나의 작은 글쓰기 습관이 어느새 책을 만들어가고 있다. 먼저 나를 꺼내고 나를 제대로 컨트롤하다 보니 이제는 내 글을 읽게 될 독자들이 궁금하고 설레기 시작한다.

한 가지 분명한 건 글쓰기를 시작한다면 살아가면서 어떤 상황에서도 자신감을 가지고 힘차게 나아갈 수 있는 동력이 생긴다는 것이다. 나에 대해 글로 솔직하게 표현해본 경험이 한 번이라도 있다면 다시 한 번 펜을 들어라.

머뭇거리지 말고 펜을 들어 글을 써라. 만약 그런 글쓰기를 경험하지 못했다면 지금부터라도 쓰면 된다. 자신을 믿고, 또 자신이 경험한 인생에 자신감을 가지고 짧게라도 쓰는 습관을 들여라. 내가 살아 있는 느낌이 종이 위에 생생히 옮겨지고 온전히 드러날 수 있도록 계속 손을 움직여라. 글을 쓰면서 자신이 어떤 사람인지 무엇을 원하는지를 깨닫게 되면 삶의 태도가 완전히 바뀌어질 것이다.

글쓰기에 관련된 오래된 속담이 하나 있다. '말하지 말고 보여주라'는 말이다.

분노라는 단어를 사용하지 않고도, 무엇이 분노하게 만드는지 보여주라는 뜻이다. 사람과 오래 함께 하다 보면 말하지 않아도 상대방의 표정에서 몸짓에서 말을 읽어내듯이 글쓰기 또한 그렇게 분노나 슬픔, 기쁨 등 단어를 쓰지 않고도 독자의 마음을 환희로 혹은 슬픈 골짜기로 안내할 수 있게 된다. 먼저는 나 자신을 온전히 드러내라.

나를 먼저 쓰지 않고는 그 누구도 나를 알 수 없다. 내가 먼저 느낀 감정과 마음을 잘 표현하고 드러낸다면 독자들도 똑같이 그 마음을 느끼고 공감할 것이다. 독자와의 소통은 나를 꺼낼 수 있을 때 가능하다.

손에 든 책 한 권에서
나를 찾다

우연히 손에 든 책 한 권으로 나를 찾고 꿈을 꾸게 될 때가 있다.
내가 시작하기로 마음먹은 오늘, 바로 지금부터가 그 시작이다.

나는 항상 책 한 권씩을 들고 다닌다. 핸드폰을 들고 다니는 것처럼 내 손에 어느 순간부터 핸드폰이 아닌 책 한 권이 들려져 있다. 글을 쓰는 작가에게 어쩌면 당연한 모습일지도 모른다.

내가 책을 가방에 넣지 않고 들고 다니는 이유는 들고 다녀야 볼 수 있기 때문이다. 언제 어느 순간 손에 있던 핸드폰으로 세상 곳곳을 열어보듯 그렇게 내 손에 책이 들려 있어야 한 페이지라도 보게 된다. 오늘은 가만히 책장을 들여다 보니 내가 살아온 인생, 나에게 영향을 주었던 책들이 눈에 들어온다.

미국의 인쇄업자이자 출판가이며, 정치인인 벤자민 프랭클린Benja-
min Franklin은 이렇게 말했다.

"그대는 인생을 사랑하는가? 그렇다면 시간을 낭비하지 말라. 왜냐
하면 시간은 인생을 구성한 재료니까. 똑같이 출발했는데, 세월이 지
난 뒤에 보면 어떤 사람은 뛰어나고 어떤 사람은 낙오자가 되어 있다.
이 두 사람의 거리는 좀처럼 접근할 수 없는 것이 되어 버렸다. 이것
은 하루하루 주어진 시간을 잘 이용했느냐 이용하지 않고 허송세월
을 보냈느냐에 달려 있다."

사람은 모두가 똑같이 아무것도 갖춰지지 않은 상태로 태어나 똑
같은 시간을 맞이한다. 나와 함께 공부했던 친구들, 나와 꿈 많던 학
창시절을 함께 했던 친구들, 이들은 과연 다 똑같은 삶을 살고 있는
걸까?

아니다. 같은 선생님, 같은 친구들 사이에 있었을 뿐이다. 결코 같
은 길을 갈수 없다. 왜냐하면 개인마다 생각과 판단과 결정이 다르
기 때문이다.

우리가 자를 대고 선을 그을 때도 각도가 조금만 틀어져도 전혀 다
른 방향으로 멀어지듯이 내가 어떤 생각을 하느냐에 따라 나의 인생
또한 달라진다.

행복을 발견하는 방법

"나는 내 인생을 사랑하는가?" 이 질문 앞에서 현재의 내 대답은 망설임 없이 "그렇다, 난 내 인생을 사랑한다." 이렇게 말할 수 있다.

그러나 이전의 나는 나를 사랑하지 않았다. 내 인생을 구성한 재료들이 못마땅했다. 집을 지으려 해도 제대로 된 벽돌이 없었다. 바람을 막으려 해도 막을 수가 없었고 시원한 창문을 내고 싶어도 누군가 막아버리는 기분이었다. 파란 하늘을 보고 싶어 하늘을 보면 캄캄한 어둠뿐이었다. 그래서 난 내게 주어진 시간을 절망 속에서 지내왔다. 빛이 보이지 않고 숨을 들이마실 수도 없었다. 누군가 내 발에 줄을 매달아놓은 듯 그 어디로도 뛰쳐나갈 수가 없었다. 그때마다 주저앉아 보게 된 건 한 권의 시집이었다.

아주 짧은 문장에서 강렬한 끌림이 느껴졌다. 숨이 쉬어졌고 시원한 바람을 느낄 수가 있었다. 파란 하늘도 보게 되고 꽃이 피는 계절을 느낄 수가 있었다. 내가 살아있음을 느꼈다. 그리고 내가 살 수 있음을 느꼈다. 날마다 그 살아 움직이는 듯한 시를 옮겨 적었다. 정성을 다해 편지지에 옮기고 노트에 옮기기도 했다. 그러기를 반복하자 어느 순간 아주 자연스럽게 내가 시를 쓰고 있었다.

몇 년이나 지난 걸까? 오늘 우연히 집어 든 책 속에서 부서질까 떨고 있는 단풍잎들을 발견했다. 꽤 오래된 단풍잎이었다. 오래도록 펴보지 않던 책을 펼쳐봤다. 그래도 어느 순간 나에게 힘을 주었을 글귀들이 담겨져 있는 책이다. 특히 미국 동화 작가이자 삽화가인 타샤튜더Tacha Tudor의 『행복한 사람, 타샤튜더The Private world of Tasha Tudor』에 손이 간다. 그녀의 삶은 독특했다. 맨발로 아름다운 정원을 거닐며 자연과 어우러진 삶을 살았던 그림 같은 동화작가였다.

"사부작사부작 손으로 만드는 기쁨, 손닿는 곳에 행복이 있다"라며 자신이 가꾼 정원 속에서 너무나 행복해 하는 모습을 보고 부럽기도 하고 닮고 싶다는 생각도 들었다.

'나도 타샤처럼 내가 좋아하는 일을 하면서 저렇게 자유롭게 살고 싶다.' 이런 생각이 드는 가운데 내가 좋아하는 일을 찾아보니 책, 시, 음악, 글, 일기, 편지 등 주로 음악 빼고는 다 무언가를 쓰는 일이었다. 그저 늘 쓰던 행위가 일상이었기에 모르고 있었다. 내가 글 쓰는 것을 얼마나 즐기고 있었는지를 말이다. 글을 쓰며 그 안에서 자유로웠고 그 누구보다도 행복했었다는 것을 몰랐었다. 난 이렇게 남의 삶을 통해 내 삶을 돌아보게 되었다. 내가 얼마나 행복한 사람인지를 말이다.

내가 잘하는 것을 찾아라

벤자민 프랭클린Benjamin Franklin은 이런 말도 했다.

"모든 사람을 관찰하라. 특히 자신을!"

내가 무엇을 잘하는지 자신을 잘 관찰해야 한다. 내가 분명 잘하고 있는 것, 좋아하는 것이 있음에도 자꾸 다른 것을 바라보고 있지는 않았는지 돌아보라. 내가 행복하려면 내가 좋아하는 것을 해야 한다. 한평생을 억지로 살 것인가, 행복하게 살 것인가는 내가 어떤 결정을 하느냐에 달려 있다.

나는 조금씩 일상 속에서 내 그림자처럼 따라다니고 늘 함께했던 글쓰기를 하고 있다. 누구에게 글쓰기에 대해 배운 적도 도움을 받은 적도 없었다. 그저 쓰는 게 좋아서, 쓰고 있으면 마음이 편해져서 쓰던 일상이었다.

김연수 작가의 『우리가 보낸 순간』이란 저서 속에 이런 말이 나온다. "그러므로 쓰라. 재능으로 쓰지 말고 재능이 생길 때까지 쓰라. 작가로서 쓰지 말고 작가가 되기 위해 쓰라. 비난하고 좌정하기 위해서 쓰지 말고 기뻐하고 만족하기 위해서 쓰라. 고통 없이 중단 없이 어제보다 조금 더 나아진 세계 안에서 지금 당장 원하는 그 사람이 되기 위해서, 그리고 원하는 삶을 살기 위해서 날마다 쓰라."

삶에 지쳤을 때, 나를 움직이던 타샤튜더 작가의 책 이후에도 나에게 영감을 주고 힘을 주고 용기와 꿈을 준 책들은 무수히 많다. 그림을 통해 인생을 말하는 설치미술가 한젬마 작가의 『그림에서 인생을 배웠다』, 나의 고정관념을 깨워주고 나를 자유롭게 만들어 주었던 긴급구호팀장 한비야 작가의 『바람의 딸 걸어서 지구 세바퀴 반』, 힘들 때 깊은 울림과 명쾌한 인생담으로 나를 잡아준 김창옥 교수의 『나는 당신을 봅니다』, 생각으로만 가지고 있던 책 쓰기에 대한 관심을 갖게 해준 이은화 작가의 『직장인, 딱 3개월만 책 쓰기에 미쳐라』, 글을 쓰던 습관을 책을 쓰게 만들어준 이혁백 작가의 『하루 1시간 책 쓰기의 힘』 등 때에 따라 어느 날은 시로, 어느 날은 그림 같은 책으로, 그리고 나의 길을 열어준 책 쓰기 책을 통해 지금의 나를 찾고 만들어 가고 있다.

혹시 무언가를 시작하기에 늦었다고 생각하는가? 나 또한 처음에는 '마흔을 넘어서서 새롭게 무엇을 할 수 있을까' 체념부터 했던 사람이다. 그러나 책을 통해 나를 찾고 글쓰기를 통해 마음을 치유하며 살아가고 있는 요즘, 결단코 무엇을 하든 늦은 때란 없다고 말해주고 싶다. 시작하라. 내가 시작하기로 마음먹은 오늘, 바로 지금부터가 당신의 시작이다.

그럼에도 불구하고,
나는 글을 썼다

아픈 상처 위에 딱지가 앉아도, 그 딱지가 떨어져 피가 나도, 난 글을 썼다.
글을 쓰다 보면 마음이 편해지고 내가 건강해진다. 그제야 나를 보게 된다.

내가 드라마보다도 즐겨 보는 강연 프로가 있다. 바로 〈세상을 바꾸
는 시간〉 〈어쩌다 어른〉 〈김창옥의 포프리쇼〉다. 그중 김창옥 교수의
포프리쇼는 많은 사람과 소통하며 강연이 끝나면 방청객의 사연을
듣고 마음을 어루만지며 힘을 주는 소통의 장으로 강연을 이끌고는
한다. 지난해 연말에는 딸과 함께 내가 좋아하는 〈김창옥의 포프리쇼
〉를 보고 왔다. 나는 김창옥 교수의 책 『나는 당신을 봅니다』를 통해
마음을 위로받고 유튜브를 통해 많은 힘을 얻었다.
　강연하는 모습을 보고 있으면 너무 재밌어서 크게 웃다가도 진지하

게 툭 던지듯 내뱉는 진심에 금세 눈시울이 붉어지기도 한다. 남에게 웃음을 주면서도 그 웃음 뒤에 외로움이 보이던 사람, 그도 그런 사람이었다. 많은 강연을 통해 자기를 개발하고 자꾸 새로운 아이디어를 위해 고군분투하다 결국 자신이 지쳐버렸다는 이야기를 한다. 아버지 이야기를 하다 눈시울이 붉어지기도 하고, 누군가의 마음을 듣다 공감하며 눈물을 보이기도 한다. 방청객의 사연을 들으며 때로는 재치 있게 위기를 모면하기도, 때로는 진지하게 토닥이고 위로해주며 많은 사람과 소통의 장을 이어갔다.

그곳에 온 사람들은 대부분 저마다의 사연을 가지고 위로받고자 온 사람들이 많았다. 아버지의 폭행, 가출, 그리고 홀로 남겨진 엄마를 놔두고 집을 나온 청년의 아픈 사연이 순간 정적을 감돌게 했다. 또한 어릴 적 부모님과의 갈등으로 인해 공황장애를 겪으며 힘들게 아르바이트를 하고 있는 여학생의 이야기, 힘든 직장생활 가운데 유방암이 걸리고 아픈 자신과 함께하지 않는 남편에 대한 서운함을 이야기하는 주부까지 많은 사람들이 그 가운데 위로받고 박수를 보낸다.

김창옥 교수가 이런 말을 한다. "떠다니는 수증기가 결국 따뜻한 공기를 만나면 비가 되어 내리듯, 우리의 마음속에도 수증기가 있는 것 같다. 눈물이 날 때는 그냥 울어라"라고 말이다.

사연을 듣는 내내 가슴이 먹먹해져왔다. 나의 어린 시절과 중복되기도 하고 자신을 감당하지 못하고 자신을 사랑하지 못해서 힘들어하는 사람이 많이 있음을 보고 잠시 놀라기도 했다. 대부분 '내가 어떻게 해야 할지 모르겠다'였다. 이렇게 힘든 세상 내가 어떻게 살아 가야 할지, 그로 인해 마음의 병을 얻고 힘들어하는 사람이 많다는 걸 알게 되었다.

마음에 노크하라

나도 그랬다. 나만 왜 이렇게 힘든지, 나만 왜 이렇게 되는 일이 없는지, 나는 왜 그렇게 외로웠는지 항상 의문이었다. 그리고 내가 나를 잘 몰랐었다. 그랬기에 많은 시간을 낭비하고 주어진 기회도 놓치고, 마음도 상처 내며 내가 나를 힘들게 하고 있었다.

우리가 누군가의 공간인 문 앞에서 들어가기 전 노크를 하듯이 우리의 마음에 노크를 하는 것도 필요하다. 내 마음은 어떤지 말이다. 그리고 자신을 너무 다그치지 말고 가만히 내버려두는 것도 좋을 것 같다.

지하수가 날마다 차오르듯 잠시 메마른 나의 지하수가 조금씩 차오를 때까지 좀 기다려주는 것도 좋겠다. 마음은 메마르고 목은 마른데 자꾸 물을 푸려고 하면 헛수고이듯, 그렇게 잠시 나를 쉬게 하며 기다리는 것, 그러다 보면 어느새 물은 차올라 있고 나는 물을 마실 수 있게 된다.

진정 나는 무엇을 원하는지 먼저 알아볼 필요가 있다. 내가 나를 사랑하지 않으면 그 누구도 나를 사랑해주지 않는다. 내가 먼저 나를 사랑해야 한다. 내가 잘할 수 있도록 격려하고 내가 잘하고 있는지 돌아보고, 때로는 나에게 칭찬도 필요한 것이다.

나는 나 자신이 제일 불쌍한 사람이라 생각했었다. 내 눈에 보이는 남들은 다 행복해 보였으니 말이다. 그 행복한 가면 속에 저마다의 아픔이 있다는 건 알 수 없었다. 참을 수 없는 고통으로 인해 웃음기조차 사라진 사람들이 있었음에도 내 눈에는 나 혼자만 불행해 보였다. 그러나 그럼에도 불구하고 글을 쓰면서 내가 얼마나 소중한 존재인지, 얼마나 행복한 사람인지 알게 되었다.

삶을 바꾸는 글쓰기

요즘 TV를 틀면 여기저기 채널마다 나오는 행복한 얼굴이 있다. 가수 이상민이 그 주인공이다. 며칠 전 tvN 〈어쩌다 어른-국민소환 특집〉에 강연자로 서게 된 그는 어떻게 시련과 고통을 이겨내고 긴 방황 끝에 위기를 기회로 잡았는지 가슴 울리는 강연을 통해 많은 사람에게 다시금 그가 살아있음을, 그리고 그가 사람임을 각인시켰다.

누가 봐도 멋진 모습으로 빠른 랩을 하며 무대를 휘젓던 그가 무대공포증이 있어 무대만 오르면 머리가 하얘지고 두려웠다고 한다. 그래서 그가 습관처럼 했던 것들이 바로 그런 자신을 일기로 기록하고 사랑하는 음악을 메모·녹취를 통해 셀프기록을 남기는 일이었다고 한다.

강연을 통해 이상민의 진심, 그리고 참아냈던 눈물, 또 환한 미소가 강연을 들은 내 마음에 잔잔한 여운마저 남겼다. 포기하지 않으면 우리에게는 선물 같은 내일이 온다는 것을 몸소 보여준 사례다. 모두가 '나 같으면 자살 했을 거야, 어떻게 그 많은 빚을 갚을 생각을 했을까?'라며, 그의 용기에 아낌없는 응원과 박수를 보내고 있다. 그래서일까? 더 열심히 사는 그의 모습이 보인다. 그리고 그의 모습에서 진심이 보여진다. 가수 이상민이야말로 위기를 기회로 바꾼 성공한 사람이 아닐까 싶다.

'인간은 스스로가 생각하는 만큼만 성장할 수 있다'고 영국의 정치가 벤저민 디즈레일리 Benjamin Disraeli는 말했다. 사람은 스스로 생각하는 만큼, 그리고 꿈꾸는 대로 성장한다. 그래서 나는 나의 마음을 꺼내면서 나의 모든 마음을 어루만지고 있다. 더 이상 상처받지 않도록, 아니 그 어떤 상처를 받아도 이젠 덤덤히 지나칠 수 있는 여유가 생겨나기를 훈련시키고 있다. 모든 결핍을 난 에너지로 바꾸고 있다.

글쓰기가 과연 나의 삶을 어떻게 바꾸는지 난 그 에너지를 담는데 노력했다. 꾸밈이 아니라 보여짐이 아니라, 진심을 담았다. 그렇기에 나는 글을 쓰면서 진정으로 행복해졌다. 그리고 행복이 무엇인지 비로소 깨닫게 되었다.

나를 괴롭히고 내 마음에 오래도록 머무는 딱딱하게 굳은 상처가 있다면, 그저 괜찮다고 외면하기보다는 한번 꺼내보기 바란다. 만약 딱딱한 상처가 떨어져 피가 나더라도 괜찮다. 그 피는 더 이상 흐르지 않을 것이다. 그 상처는 곧 아물 것이다.

글쓰기의 치유하는 힘은 그 어떤 방법과도 비교할 수 없을 것이다. 말을 통해 나를 드러내는 것이 아니라 쓰면서 꺼내다 보면 또 다른 나를 발견하기 때문이다. 자신이 글을 쓰며 행복한 적이 있었는가? 눈물을 흘리며 글을 써본 적이 있었는가? 난 그럼에도 불구하고 글을 썼다. 그렇기에 당당히 써보라고 권하고 싶다.

글을 쓰다 보면 마음이 편해지고 내가 건강해진다. 내가 건강해지면 나의 모든 오감은 열리고 비로소 자연이 보인다. 단풍지는 가을이 보이고 꽃이 피는 봄을 느낄 수 있을 것이다. 또한 사람들의 목소리가 들린다. 그리고 진정으로 내가 보인다.

내 마음을 꺼내는
글쓰기여야 한다

무의식적으로 쓰던 내 습관이 이제는 의식적으로 더 생각하고 더 꺼내기 위해 몸부림치며 글을 쓰는 작가가 되었다. 막상 마음을 글로 꺼내기 시작하려니 생각처럼 쉽진 않았다. 그동안 내가 살아온 삶을 꺼내야 했기에 더 쉽지 않은 여정이었다. 그러나 글을 통해 나를 들여다보고 나를 알아가고 내 안에 있던 상처를 치유하면서 내가 그동안 했던 일 중에 가장 잘했다는 생각이 든다.

글을 쓴다는 행위는 쉽지 않으나 분명 나를 만나는 길이다. 수많은 글쓰기 책들이 시중에 나와 있지만, 그 어떤 책을 읽더라도 직접적으로 글을 써보지 않는다면 어떤 지침서도 소용이 없을 것이다. 단지 보고 덮어버리는 종이에 불과하다. 하지만 마음을 꺼내는 글쓰기를 반드시 해보길 바란다. 감사의 글쓰기, 용서의 글쓰기, 그리고 마음을 움직이는 글쓰기 말이다. 당신의 마음이 움직일 것이다. 당신의 생각과 메마른 감정이 움직일 것이다.

내 글에서 단 한 줄이라도 마음속에 담을 말이 나왔다면, 한 번 더 읽어진 글귀가 있었다면 난 그것으로 충분하다. 단 한 줄이라도 당신의 마음을 울리고 함께 공감할 수 있었다면 난 그것으로 행복하다. 그 눈물과 울림이 당신을 새로운 꿈과 희망으로 인도해줄 테니 말이다.

당신 앞에 놓인 절망이나 괴로움, 그리고 그 안에 있는 상처가 당신을 힘들게 할지라도 절대 포기하거나 자책하거나 낙심하지 말라. 태양을 가리는 구름은 반드시 사라진다. 잠깐의 빛이 가려져 어둠이 와도 반드시 그 구름은 걷힌다는 사실을 잊지 말기 바란다. 힘들 때마다 그 힘든 마음을 꺼냈던 나처럼 다 꺼내라. 자신의 생각과 마음은 글을 꺼내놨을 때 가장 잘 보이기 마련이다. 그 안에서 자신의 길을 찾아라. 내가 무엇을 제일 좋아하는지 내가 무엇을 제일 잘하는지 말이다.

내가 가장 좋아하는 것을 알게 해주고 내가 가장 잘 할 수 있는 것을 알게 해준 이혁백 작가님께 감사를 표하고 싶다. 편집디자인을 해오면서 이것이 나의 마지막 직업일 거라는 생각을 완전히 깨버리고 나의 길을 찾아주셨다. 글은 머리로 쓰지 말고 가슴으로 쓰라던 말씀을 따라 가슴으로 써내려갔다. 책은 내가 살아온 삶을 더욱 빛나게 해주었다.

글을 쓰면서 내 삶이 나를 힘들게 했다는 생각에서 벗어나 내 삶이 미래에 얼마나 큰 용기와 발판을 만들어주었는지, 얼마나 나를 더 강하게 만들었는지 알게 되었다. 그래서 잘 견뎌낸 나 스스로에게 박수를 보내고 싶다. 그리고 내 삶에 속한 모든 것에 감사가 나온다.

나를 전적으로 믿어준 사랑하는 부모님과 항상 응원의 박수를 보내주는 나의 가족들, 특히 책 쓰느라 나를 빼앗긴 것 같다던 남편과 엄마의 꿈을 응원해준 딸 하영이와 아들 민영이, 그리고 나를 위해 밤낮으로 기도해주신 믿음의 가족들, 그리고 지금까지 나의 삶을 인도해주신 하나님께 모든 영광을 돌리고 싶다.

내가 아는 모든 이들이 행복했으면 좋겠다.

이상주